O Mistério do SAMBA

Coleção
ANTROPOLOGIA SOCIAL
fundada por Gilberto Velho
dirigida por Karina Kuschnir

- O Riso e o Risível
  Verena Alberti
- Falando da Sociedade
- Outsiders
- Segredos e Truques da Pesquisa
- Truques da Escrita
  Howard S. Becker
- Antropologia Cultural
  Franz Boas
- O Espírito Militar
- Os Militares e a República
  Celso Castro
- Bruxaria, Oráculos e Magia entre os Azande
  E.E. Evans-Pritchard
- Futuros Antropológicos
  Michael M.J. Fischer
- Nova Luz sobre a Antropologia
  Clifford Geertz
- O Cotidiano da Política
  Karina Kuschnir
- Cultura: um Conceito Antropológico
  Roque de Barros Laraia
- Guerra de Orixá
  Yvonne Maggie
- Evolucionismo Cultural
  L.H. Morgan, E.B. Tylor, J.G. Frazer
- A Invenção de Copacabana
- De Olho na Rua
  Julia O'Donnell
- A Teoria Vivida
  Mariza Peirano
- Cultura e Razão Prática
- História e Cultura
- Ilhas de História
- Metáforas Históricas e Realidades Míticas
  Marshall Sahlins
- Antropologia Urbana
- Um Antropólogo na Cidade
- Desvio e Divergência
- Individualismo e Cultura
- Projeto e Metamorfose
- Rio de Janeiro: Cultura, Política e Conflito
- Subjetividade e Sociedade
- A Utopia Urbana
  Gilberto Velho
- Pesquisas Urbanas
  Gilberto Velho e
  Karina Kuschnir
- O Mistério do Samba
- O Mundo Funk Carioca
  Hermano Vianna
- Sociedade de Esquina
  William Foote Whyte

HERMANO VIANNA

O Mistério do SAMBA

2ª edição

ZAHAR

Jorge Zahar Editor Ltda.
rua Marquês de S. Vicente 99 – 1º | 22451-041 Rio de Janeiro, RJ
tel (21) 2529-4750 | fax (21) 2529-4787
editora@zahar.com.br | www.zahar.com.br

Grafia atualizada respeitando o novo
Acordo Ortográfico da Língua Portuguesa

1ª edição: 1995 (em coedição com a
Editora da UFRJ; 6 reimpressões)
2ª edição: 2012
1ª reimpressão da 2ª edição: 2014

Composição: TopTextos Edições Gráficas

CIP-Brasil. Catalogação na fonte
Sindicato Nacional dos Editores de Livros, RJ

Vianna, Hermano, 1960-
V67m O mistério do samba / Hermano Vianna; [prefácio de Sérgio
2.ed. Cabral]. – 2.ed. – Rio de Janeiro: Zahar, 2012.
(Antropologia social)

Anexos
Inclui bibliografia
ISBN 978-85-378-0864-1

1. Samba – História e crítica. 2. Música popular – Brasil – História e crítica. 3. Música afro-brasileira. I. Título. II. Série.

CDD: 784.500981
12-2718 CDU: 78.067.26(81)

SUMÁRIO

Não tem nada disso.
Depois é que o samba foi para o
morro. Aliás, foi para todo lugar.
Onde houvesse festa nós íamos.
Donga

Chegados nunca chegamos
eu e a ilha movediça.
Móvel terra, céu incerto,
mundo jamais descoberto.
Jorge de Lima

Para Herbert e Helder, meus irmãos,
que dão continuidade
(um nos palcos, outro nos bastidores)
à história da música brasileira.

PREFÁCIO

Sou, inicialmente, grato a Hermano Vianna por ter elaborado um trabalho acadêmico perfeitamente inteligível para qualquer um de nós, simples mortais. Mas, apaixonado pela música popular brasileira de todas as épocas, sou mais grato ainda pelas portas que abriu para que os apaixonados e estudiosos penetrássemos na história de nossa música.

Hermano não é (nem de longe) desses intelectuais que criam teorias e saem procurando fatos para justificar as suas teorias. Antes de defender os seus pontos de vista, mergulhou na história da música popular brasileira e trouxe, lá do fundo, momentos raros de nossa bibliografia musical, como o encontro de Gilberto Freyre, Sérgio Buarque de Holanda, Prudente de Morais Neto e outros jovens intelectuais da década de 1920 com gente como Pixinguinha, Donga e Patrício Teixeira. Convivi muito com Prudente de Morais Neto — a quem tinha como um pai —, trabalhei com ele e conversávamos muito sobre a música popular brasileira. Por várias vezes, Prudente falou-me das incursões que ele e Sérgio Buarque de Holanda faziam pelo território da música popular e deu-me alguns depoimentos preciosos, como a forte impressão causada pelo samba *Pelo telefone* (Donga e Mauro de Almeida), executado pela orquestra que abria o desfile dos Democráticos no carnaval de 1917. Para mim e para os demais jornalistas que trabalhavam com ele, Prudente de Morais Neto sempre foi o Doutor Prudente. Mas, para o compositor Ismael Silva, ele era o Prudentinho. Gostei de reencontrá-lo, desta vez como personagem deste livro.

A passagem de Darius Milhaud pelo Rio de Janeiro, como servidor da legação francesa, também mereceu de Hermano Vianna uma atenção preciosa. Milhaud adorou a música brasileira, tendo dedicado a ela as quatro danças de sua obra *Saudades do Brasil* (as danças chamaram-se *Corcovado, Sumaré, Tijuca* e *Laranjeiras*, sendo o nome da última quase nunca escrito corretamente tanto nos discos gravados quando nas edições musicais). Além disso, incorporou trechos da música brasileira da época à sua famosa *Le boeuf sur le toit*, considerada uma das obras-primas da música do século XX (confesso que, sendo tantas as citações, não sei onde começa a homenagem e onde termina a cópia pura e simples).

Hermano Vianna chama a atenção para um detalhe surpreendente: quem apresentou Donga a Prudente de Morais Neto foi o poeta vanguardista francês Blaise Cendrars. Tudo indica que, ao visitar o Rio de Janeiro pela primeira vez, Cendrars chegara devidamente instruído por seu amigo e parceiro Darius Milhaud sobre os segredos de nossa música. O fato é que o poeta também adorou o que andou ouvindo por aqui e chegou a registrar momentos marcantes, como a noite vivida numa boate chamada The Diamonds Club, em Laranjeiras, de propriedade de uma linda norte-americana chamada Edith de Berensdorff, onde ouviu uma banda de Jazz de Saint Louis, comandada "pela trombeta do explosivo e infatigável Wild Bird", e "uma orquestra tipicamente brasileira, Os Batutas, selecionada e encabeçada por Donga, o comovedor compositor popular, o ás do carnaval". Em seu livro *Histórias verdadeiras*, Blaise Cendrars narra a "luta renhida" entre os dois grupos e conta como terminou a noite: "Estonteados pelas músicas tão diferentes, mais do que pela mistura de champanha e uísque, saímos tropeçando, as têmporas batendo, completamente pasmados com o glorioso raiar do dia do Rio de Janeiro, que despontava entre palmeiras, tomados pelo cansaço, pela alegria, como se tivéssemos assistido, durante toda a noite, nesta boate única no mundo, a uma mistura de anjos perversos ou a uma fogueira de demônios."

Considero o trabalho de Hermano Vianna uma valiosíssima contribuição à bibliografia da música popular brasileira por analisar, por exemplo, questões como o que poderíamos chamar de ascensão social do samba, um gênero tão execrado pelas classes dominantes das primeiras décadas do século que a polícia prendia quem o cantasse, dançasse ou tocasse. E ai daquele que andasse pelas ruas carregando um violão. Sendo negro, aí mesmo é que a sua situação piorava. Tenho depoimentos de Donga, João da Baiana e Juvenal Lopes sobre a perseguição policial aos sambistas. No entanto, o samba venceu tudo isso. Hermano assinala até que "nenhum autor tenta explicar como se deu essa passagem (o que a maioria faz é apenas constatá-la) de ritmo maldito à música nacional e de certa forma oficial". Não pretendo ser o autor que vai explicar a tal passagem, até porque a minha tarefa é apresentar o livro e, neste momento, escrevo uma história das escolas de samba do Rio de Janeiro em que o tema é abordado. De qualquer maneira, Hermano Vianna lança um desafio aos estudiosos não só da música popular como da própria sociedade carioca, alguém que nos contemplasse com uma história do nosso povo, abordando com profundidade as relações sociais e raciais, a partir da abolição da escravatura, o momento em que, segundo o historiador Joel Rufino dos Santos, o negro passou a ser dono do próprio corpo. As religiões de origem negra e a música popular não poderiam faltar a essa história, nem o desenvolvimento urbano da cidade. "Dize-me o que cantas... direi de que bairro és" — foi o título de um desenho de Raul Pederneiras do início do século. Antônio Cândido pensa como o grande desenhista conforme revelou no artigo transcrito por Hermano, quando assinalou que, nos anos 1930 e 1940, "o samba e a marcha, antes praticamente confinados aos morros e aos subúrbios do Rio, conquistaram o País e todas as classes". Além de ter colocado o samba e a marcha no mesmo barco (ambos têm histórias distintas), o nosso querido mestre limitou-se ao confinamento geográfico, deixando de lado o social. O samba nasceu e cresceu no Centro do Rio de Janeiro e não nos morros e nos subúrbios, por onde se espalhou. O que havia (e há. Se não houvesse, Zuenir Ventura não teria escrito *A cidade partida*) eram guetos sociais e raciais de limites tão marcantes que os moradores de uma casa de classe média na Rua do Riachuelo, por exemplo, não tinham a menor ideia da vida que levavam os seus vizinhos amontoados num cortiço. A Praça Onze era território de judeus e de negros. Quem conhece um episódio envolvendo os dois povos naquele reduzido território? O livro *Recordando a Praça Onze*, de Samuel Malamud, que trata, nos mínimos detalhes, da ocupação da velha praça pela comunidade judaica, não faz uma só referência às manifestações negras. Não sei também de qualquer depoimento dos velhos sambistas sobre o carnaval naquela área que tenha contado com a participação de um personagem judeu, embora uns e outros fossem presenças assíduas até dos mesmos bares.

Chega de chateá-lo, leitor. Afinal, já li o livro de Hermano Vianna e você ainda não. O que posso assegurar é que, interpretando muito bem o tempo e o espaço que percorreu e sendo bem-escrito e bem-informado, aprendi muito com ele.

SÉRGIO CABRAL

APRESENTAÇÃO

Este livro é uma versão bastante modificada, principalmente em detalhes, mas também em alguns ajustes estruturais, da tese de doutoramento que defendi, em janeiro de 1994, no Programa de Pós-graduação em Antropologia Social do Museu Nacional da UFRJ. Minha ideia inicial para publicação era transformá-la numa coleção de ensaios muito pouco acadêmicos. Não houve tempo para realizar tal empreitada. Mesmo assim fiz o possível, seguindo os sensatos conselhos de minha editora Cristina Zahar, para facilitar a vida dos leitores que não estão interessados nos debates teóricos da antropologia. Tentei concentrar toda a teoria e os assuntos "paralelos" em Anexos. Alguma coisa, nada "terrível", permaneceu onde estava: pequenas questões sem as quais a leitura perderia o sentido. Porém, mesmo com essa nova organização, recomendo a leitura dos Anexos. O leitor pode se surpreender com a possibilidade de a teoria ser tão divertida quanto a realidade.

Algumas pessoas que leram o texto em sua forma original, incluindo membros de minha banca de doutoramento, fizeram comentários, às vezes em tom de crítica arrasadora (mas sempre simpática), outras em tom elogioso, sobre o meu "cariocacentrismo" ou o meu "gilbertofreyrecentrismo". Prevendo a repetição de comentários desse tipo, devo defender-me desde já.

Primeiro: neste livro estou analisando um processo, o da nacionalização do samba, que teve como palco principal o Rio de Janeiro. Essa cidade ocupou durante muito tempo (talvez ainda ocupe, não pretendo entrar nesse debate) um lugar absolutamente central no simbolismo da unidade nacional brasileira. Não é meu objetivo julgar se essa centralidade foi ou tem sido boa ou má para o Brasil. Não tomo partido do Rio, apenas constato sua importância para a invenção da ideia de "unidade da pátria". Aliás, nem sou carioca. Sou nordestino, morei por todo o Brasil, vir para o Rio não foi decisão minha. Mas talvez por isso mesmo, por ter vivido tanto tempo na periferia desse "centro nacional", sei reconhecer a importância simbólica e a atração referencial irresistível (mesmo que ela se concretize como repúdio) que o Rio exerce naqueles que querem se pensar como brasileiros.

Segundo: não escrevi este livro para defender ou atacar Gilberto Freyre. A utilização de sua trajetória, com todas as suas contradições, como exemplo principal de relacionamento entre elite e cultura popular, é apenas fruto do reconhecimento de seu papel central também incontestável no processo de criação da ideia de uma unidade nacional brasileira, que pode ter no samba um símbolo de identidade. Repito: não é objetivo deste livro julgar se a existência dessa "ideologia mestiça", que teve em Gilberto Freyre seu mais ardoroso, esperto e talentoso porta-voz, é boa ou má para o Brasil. Apenas reconheço que o fato de essa "ideologia" existir entre nós, e de ter tido repercussão marcante na cultura "nacional" (criando até mesmo uma cultura nacionalizada), é um indício importante da originalidade do projeto de "civilização" brasileira.[1]

Devo ainda dizer que é uma surpresa para mim ter escrito um livro/tese que gira em torno do samba. Não tinha exatamente essa intenção quando entrei para o doutorado. A princípio, meu projeto era estudar o rock brasileiro, mas já centralizando a análise na relação entre rock e cultura nacional brasileira. Devia obrigatoriamente me referir, em algum momento da pesquisa, ao debate sobre o samba como "música nacional por excelência". Acabei totalmente seduzido pelo samba, que tomou conta de (quase) tudo. A sedução começou

---

1 OK: se esses argumentos e o restante da tese não convencerem o leitor, aceito ser acusado de "cariocacêntrico" e "gilbertofreyrecêntrico". Só não digam que o livro é polêmico. Nada pode estar mais distante de meus objetivos: detesto polêmicas.

quando li a respeito de um encontro entre a turma de Gilberto Freyre e a turma de Pixinguinha. A possibilidade de um encontro como esse ter sido realizado me impressionou tanto (por motivos que ficarão claros adiante) que começo por sua descrição.

Este é um livro de aprendiz. O samba, em si, não fazia parte da minha "linha de estudo". Então, este é um livro de descoberta, de "iniciação". A "emoção" de quem descobre algo pelo qual passa a se interessar muito é responsável pelo tom "afoito" com que foi escrito. Espero que a leitura seja tão interessante quanto foi para mim a pesquisa. Que os leitores se sintam estimulados a descobrir novas pistas que ajudem a penetrar em regiões cada vez mais esotéricas do mistério do samba.

AGRADECIMENTOS

Na qualidade de aluno de doutorado do Programa de Pós-graduação em Antropologia Social (PPGAS) do Museu Nacional da Universidade Federal do Rio de Janeiro, contei, no período de conclusão dos créditos de doutorado, com bolsa de estudos do Conselho Nacional de Desenvolvimento Científico e Tecnológico (CNPq), durante um ano e meio. O CNPq também me concedeu uma bolsa-sanduíche para o desenvolvimento desta tese durante o ano de 1991 na Northwestern University, Estados Unidos da América.

Agradeço a todos do PPGAS, principalmente pelo excelente clima intelectual que tanto me incentiva desde os anos do mestrado. Aos amigos Luís Rodolfo Vilhena, Celso Castro, Jayme Aranha, Miriam Goldenberg e Maria Laura Cavalcanti sou grato pelo saudável intercâmbio de ideias estabelecido em tantos anos de convívio na sala de aula do Museu Nacional. A Tânia Lúcia Soares e aos demais funcionários da secretaria, e a Isabel e Cristina, ambas da biblioteca, por terem facilitado em muito minha vida de doutorando. Aos membros da minha banca de doutoramento, Gilberto Velho, Giralda Seyferth, Lilia Schwarcz, Eduardo Viveiros de Castro e Peter Fry, agradeço os comentários estimulantes. Espero ter incorporado alguns deles nesta nova versão.

Como já disse, este trabalho teve início com um projeto para estudar o rock brasileiro e acabou em samba. Fundamental para essa mudança de rumo foi o período que passei na Northwestern University, onde tive oportunidade de observar — a distância (assumo o lugar-comum) — a cultura brasileira. Nunca me senti tão "brasileiro", e esse sentimento foi imediatamente transformado em material de pesquisa para o desenvolvimento da tese.

Manifesto aqui minha gratidão (e grande admiração) pelo professor Howard S. Becker, meu orientador em solo norte-americano, que muito influenciou minha maneira de pensar o Brasil e a antropologia. Howie, como exige ser chamado por seus alunos, transformou-se também num de meus melhores amigos.

Outro guia importante no período em que passei na Northwestern foi o professor Paul Berliner, que me introduziu nos mistérios da etnomusicologia e da mbira, inebriante instrumento de percussão africano. Também sou muito grato aos professores, alunos e funcionários do Departamento de Sociologia da Northwestern University, ao qual fiquei vinculado institucionalmente.

Vários amigos fizeram todo o possível para que me sentisse em casa nos Estados Unidos: Julian, Erik, Matthew, Arto, Doug, Tunji, Norman, Tetê, Glória, Esther, Dianne. Com eles também debati muitas das ideias que depois se tornaram fundamentais para esta obra.

Diversos outros amigos acompanharam de perto (muitas vezes sem ter consciência disso) o desenvolvimento deste trabalho no Brasil, contribuindo para seu resultado: Luiz, Barrão, Serginho, Sandra, Sílvia, Fausto, Caetano, Carlinhos, Branco, Britto, Lau (vários deles atuaram até como meus informantes durante o período em que eu ainda pensava estar fazendo uma tese sobre o rock brasileiro). Muito devo a Regina, que leu algumas das primeiras versões do texto e fez sugestões que só poderão ser incorporadas integralmente através de outras pesquisas.

Finalmente, sou grato a meu orientador, professor Gilberto Velho, pelo estímulo intelectual infalível, pela amizade inquebrantável, pelos prazos inevitavelmente rígidos, pelos telefonemas de madrugada (dez horas da manhã para mim é madrugada) e, principalmente, pelo pioneirismo com que instituiu os estudos da complexidade na antropologia. Ficaria muito honrado em ver meu trabalho considerado um pequeno desenvolvimento de algumas das ideias originais que integram sua obra.

1
O ENCONTRO

Em 1926, a coluna social "Noticiário elegante" publicada na *Revista da Semana* registrou a primeira visita que um jovem antropólogo pernambucano, o "Doutor" — como fez questão de frisar o colunista — Gilberto Freyre, fez ao Rio de Janeiro. Ele conheceu a capital do Brasil aos 26 anos, depois de já ter realizado seus estudos universitários nos Estados Unidos e de ter visitado vários países europeus. Tal fato, a possibilidade de conhecer o "Primeiro Mundo" antes da "principal" cidade de seu país, é apontado várias vezes, e quase com orgulho, em vários trechos de seu diário "de adolescência e primeira mocidade", publicados no livro *Tempo morto e outros tempos*. Sua formação intelectual não dependeria em nada do "Sul" brasileiro.

No mesmo diário ficou registrado um acontecimento singular da passagem de Gilberto Freyre pelo Rio de Janeiro:

> Sérgio e Prudente conhecem de fato literatura inglesa moderna, além da francesa. Ótimos. Com eles saí de noite boemiamente. Também com Villa-Lobos e Gallet. Fomos juntos a uma noitada de violão, com alguma cachaça e com os brasileiríssimos Pixinguinha, Patrício, Donga (Freyre, 1975: 189).

O estilo é telegráfico. É preciso esclarecer, para dar uma ideia da importância histórica dessa pouco lembrada "noitada de violão", quem são as pessoas que dela participaram. Sérgio é o historiador Sérgio Buarque de Holanda. Prudente é o promotor Prudente de Moraes Neto, também conhecido como jornalista sob o pseudônimo (na verdade, seus dois primeiros nomes) de Pedro Dantas. Villa-Lobos é o compositor clássico Heitor Villa-Lobos. Gallet é o compositor clássico e pianista Luciano Gallet. Patrício é o sambista Patrício Teixeira. Donga e Pixinguinha ficaram imortalizados com esses apelidos no panteão da música popular brasileira.

O encontro juntava, portanto, dois grupos bastante distintos da sociedade brasileira da época. De um lado, representantes da intelectualidade e da arte erudita, todos provenientes de "boas famílias brancas" (incluindo, para Prudente de Moraes Neto, um avô presidente da República). Do outro lado, músicos negros ou mestiços, saídos das camadas mais pobres do Rio de Janeiro. De um lado, dois jovens escritores, Gilberto Freyre e Sérgio Buarque de Holanda, que iniciavam as pesquisas que resultaram nos livros *Casa-grande & senzala*, em 1933, e *Raízes do Brasil*, em 1936, fundamentais na definição do que seria brasileiro no Brasil. À frente deles, Pixinguinha, Donga e Patrício Teixeira definiam a música que seria, também a partir dos anos 1930, considerada como o que no Brasil existe de mais brasileiro. Ouvindo os depoimentos dos participantes, parecia natural, evidente, que tal encontro ocorresse, que ambos os lados se sentissem "em casa" (o cordial Brasil mestiço) quando reunidos. Como falha, Pedro Dantas se lembra de que, "no final da noite, Patrício lamentava apenas a ausência de algumas cabrochas para a brincadeira ser completa" (Dantas, 1962: 197).

Essa "noitada de violão" pode servir como alegoria, no sentido carnavalesco da palavra, da "invenção de uma tradição", aquela do Brasil Mestiço, onde a música samba ocupa lugar de destaque como elemento definidor da nacionalidade. A naturalidade do episódio não nos deve enganar: seu aspecto de fato corriqueiro foi obviamente construído, como também acontece com acontecimentos narrados em mitos fundadores de todas as tradições. O fato de tal encontro não se ter transformado em mito, e tampouco ser lembrado como algo extraordinário pelos participantes e seus biógrafos, só mostra que se acreditava realmente que uma reunião como aquela era algo banal, coisa de todo dia, indigna de um registro mais cuidadoso.

Se observarmos os bastidores dessa noitada, veremos como muitos outros acontecimentos e personagens (incluindo aí grupos sociais) colaboraram para sua bem-sucedida e harmoniosa aparência, e mesmo para a naturalidade demonstrada pelos que dela participaram.

Comecemos por um rápido panorama da cidade onde se deu o episódio, o Rio de Janeiro, metrópole que já contava com mais de um milhão de habitantes desde o final dos anos 1910. Em 1926, o mandato presidencial do mineiro Artur Bernardes, quase todo sustentado pela decretação de estado de sítio, chegava ao fim. Seguindo a tradição oligárquica que determinou os rumos políticos da República Velha, o governo passaria, e passou, no dia 15 de novembro, às mãos de um "paulista" (que na verdade era do estado do Rio, mas fizera carreira em São Paulo), Washington Luís. Sinais que prenunciavam a Revolução de 30, mostrando o esgotamento das manobras da oligarquia cafeeira, que detinha o monopólio do poder, eram mais que visíveis: dos levantes tenentistas no Rio e em São Paulo à Coluna Prestes que percorria o interior do país.

Nos anos Artur Bernardes, o Rio de Janeiro vivia uma espécie de ressaca das reformas urbanísticas que tiveram início com a prefeitura de Pereira Passos (1902-1906) e continuaram até, como sua última obra de monta, a destruição do morro do Castelo para a construção dos pavilhões da exposição comemorativa do centenário da independência brasileira. Nesse meio tempo, foi tomando forma — mais que isso: foi tornando-se possível — a divisão entre uma Zona Sul e uma Zona Norte, o que ainda hoje é determinante na vida sociocultural da cidade.

Até Pereira Passos, o Centro do Rio de Janeiro misturava de tudo: comércio; indústrias de pequeno porte; repartições públicas; residências milionárias ao lado dos mais pobres cortiços. A partir principalmente da abertura da Avenida Central, hoje Rio Branco, com a destruição dos cortiços, o Centro foi adquirindo a característica atual de lugar de trabalho. Os pobres foram expulsos para novos bairros da Zona Norte ou para favelas espalhadas por toda a cidade. Os ricos, já contando com o túnel novo ligando Botafogo a Copacabana, começam a povoar as praias da Zona Sul.

A Avenida Central se transformou na vitrina da cidade. Por um tempo, lá também ficaram situados os principais cinemas e cafés cariocas. O jornais comentam que o Rio "civiliza-se". A noção de civilização, nessa época, já se confundia com uma ideia de conquista da modernidade. O Rio declarava-se moderno ao mesmo tempo em que o modernismo artístico invadia nossas praias. Quando Gilberto Freyre chega ao Rio, em 1926, quatro anos depois da Semana de 22 de São Paulo, o primeiro "levante" dos artistas modernistas brasileiros, o cinema carioca Trianon anunciava a estreia de mais um filme da Paramount, intitulado *A epidemia do jazz*[1], com a seguinte advertência: "Não se assustem. Pode ser que o encontrem desconchavado. É o futurismo. Mas garantimos que gostarão, e que lhe acharão de sabor todo especial." O anúncio, publicado nos jornais, também dizia orgulhoso que o filme, dedicado a Marinetti, seria acompanhado por um prólogo "também futurista" protagonizado pela atriz Iracema de Alencar, "estrella da Companhia de Comédia do Theatro Casino", que abordava "o absurdo, o ilógico e o irreverente". A pré-cultura de massa carioca não demorou muito para carnavalizar os ensinamentos da vanguarda paulista.

Gilberto Freyre olha para todas essas transformações com a estranha nostalgia de um Rio que não conheceu. Suas críticas mordazes se dirigiam aos novos edifícios, aos novos bulevares e à destruição dos morros. Lemos em seu diário: "Diante de edifícios como o do Elixir tem-se a impressão de pilhérias de arquitetos a zombarem dos novos ricos que lhes

---

1 Outros filmes anunciados nos jornais da época: *Em busca do ouro*, de Charles Chaplin; *A viúva alegre*, de Eric von Stroheim; e *De Santa Cruz*, um filme da Comissão Rondon, mostrando "os legítimos brasileiros", índios dos "sertões de Matto Grosso" que são "extranhos na própria terra, fóra da civilização, elles vivem em pleno século do radium na edade da pedra lascada". A propaganda de *De Santa Cruz* determinava: "É dever de todo brasileiro conhecer o Brasil."

encomendam as novidades. Um horror." E ainda: "A nova Câmara dos Deputados chega a ser ridícula. Aquele Deodoro à romana é de fazer rir um frade de pedra" (Freyre, 1975: 183). Gilberto Freyre condenava a Avenida Central, elogiando ruas estreitas como a do Ouvidor, cheias de sombra e portanto mais adequadas ao calor tropical. E fazia a apologia do morro da Favela como um exemplo de "restos do Rio de antes de Passos, pendurados por cima do Rio novo" (Freyre, 1979, vol. II: 335).

Mas voltemos à vida boêmia de Gilberto Freyre nessa sua primeira visita a um Rio já irremediavelmente novo. Vale a pena entrar nos detalhes da organização de sua "noitada" com "os brasileiríssimos Pixinguinha, Donga e Patrício", mostrando como uma extensa rede de relações entre grupos sociais e indivíduos diversos — e de diversos pontos do Rio de Janeiro — foi atualizada para que tal encontro pudesse ser realizado. Em outro trecho de seu diário, Gilberto Freyre elogia Sérgio Buarque de Holanda e Prudente de Moraes Neto, naquela época editores da revista *Estética*, pelo conhecimento da literatura moderna inglesa e francesa.

Foi o paulista Sérgio Buarque de Holanda quem apresentou, "antes da semana de 22", a arte moderna para o carioca Prudente de Moraes Neto. Os dois se conheceram quando estudavam na Faculdade de Direito do Rio de Janeiro. Essas informações estão no livro de memórias *A alma do tempo*, de Afonso Arinos de Melo Franco, colega do Colégio Pedro II (a instituição secundarista mais famosa da época, também frequentada por filhos da elite carioca) de Prudente de Moraes Neto, em quem identificava desde cedo um "gosto pelo raro" (Franco, 1979, vol. I: 65). Foi esse interesse pelo raro, mais especificamente pela modernidade literária europeia, que aproximou a dupla da revista *Estética* daquele jovem e ainda desconhecido, mas já extremamente presunçoso, antropólogo pernambucano.

Prudente de Moraes Neto revela, no texto "Ato de presença" (publicado na coletânea *Gilberto Freyre: sua ciência, sua filosofia, sua arte*), que a primeira vez que ouvira falar de Gilberto Freyre foi através de uma carta do futuro folclorista Luís da Câmara Cascudo (o qual iria se formar na Faculdade de Direito de Recife em 1928) para a redação da *Estética* que trazia o recorte de um artigo sobre James Joyce, assinado por Freyre e publicado em jornal do Recife (ver Dantas, 1972).

A versão de Sérgio Buarque de Holanda sobre esses acontecimentos, publicada em seu artigo "Depois da 'Semana'", inclui outros detalhes, além de a autoria da carta não ser lembrada com certeza:

> Algum tempo depois [de a revista *Estética* ter anunciado a futura publicação de um artigo sobre James Joyce], chega-me às mãos com uma carta do norte, assinada por José Lins do Rego (ou seria Luís da Câmara Cascudo?), recorte de certo artigo publicado em Pernambuco sobre *Ulisses*. O nome do articulista era tão desconhecido de mim, ou qualquer de nós, como o do próprio missivista. Não guardo o artigo, mas tenho a nítida lembrança da passagem onde há referência a críticos que, "à sombra das bananeiras cariocas", já se metem a anunciar artigo sobre o dificílimo Joyce (Holanda, 1979: 277).

As palavras exatas de Gilberto Freyre, em artigo publicado no *Diário de Pernambuco* em 11/12/24, eram as seguintes: "Até sob as bananeiras do Rio já se vai pronunciando o inglês fácil do nome Joyce. O inglês de suas obras é que será difícil de soletrar" (Freyre, 1994: 75). As palavras irônicas acabaram seduzindo os modernistas-sob-bananeiras. Sérgio Buarque de Holanda conta que gostou tanto do artigo que decidiu republicá-lo na *Estética*, desistindo de escrever sua crítica de Joyce. O que acabou não acontecendo por causa do fechamento da revista.

Teve início assim, por motivos "joyceanos", uma amizade interestadual, intermodernismos. Os cariocas ficaram surpreendidos em encontrar texto tão *up-to-date* na imprensa provinciana e começaram imediatamente a se corresponder com o autor. Portanto, a relação de amizade não foi produto de um interesse pela cultura popular brasileira, muito menos por sua vertente "regionalista".

Mas tal interesse logo veio à tona. Ao chegar no Rio de Janeiro em 1926, Gilberto Freyre, "entre as suas curiosidades, trazia a de um contato direto com a música popular carioca, seus autores e executantes, especialmente negros" (Dantas, 1962: 195). Nessa época, os músicos do Rio já excursionavam pelo país com grande sucesso. Embora tivesse perdido as apresentações que o grupo carioca Oito Batutas realizara em Recife em 1921, pois estava estudando em Nova York, Freyre pode ter ouvido falar da influência marcante que essa visita exerceu entre os músicos pernambucanos.

Para começar, Sérgio Buarque de Holanda e Prudente de Moraes Neto levaram Gilberto Freyre ao espetáculo *Tudo preto*, apresentado pela Companhia Negra de Revista, a primeira experiência teatral brasileira realizada só com artistas negros (o único branco era o empresário), incluindo o diretor De Chocolat e o maestro Pixinguinha. *Tudo preto* causou furor naquela temporada teatral carioca. Segundo o jornal *Correio da Manhã* (17/8/26), o espetáculo era "a mais alta novidade theatral do momento", assistida com "magnífico prazer espiritual". O jornal *A Noite* (2/8/26) usou o adjetivo "estrondoso" e comentava o atropelo da "multidão" na noite de estreia. Nenhum dos jornalistas e críticos se espantou com a presença exclusiva de negros em cena, todos aplaudiram a iniciativa, como se nada de realmente extraordinário estivesse acontecendo. Mas a publicidade da Companhia Negra de Revista não podia conter o orgulho: "a vitória da raça negra no theatro alegre". Uma vitória também de miss Mons — "excêntrica franceza", segundo o *Correio da Manhã* — que executava "um authentico batuque africano".

Gilberto Freyre apreciou o batuque de miss Mons, mas ficou entusiasmado mesmo foi com a música de Pixinguinha e quis conhecer o maestro do nascente samba carioca em outra situação, mais íntima, sem o *black tie* do palco de *Tudo preto*. Seu desejo foi satisfeito por caminhos tortuosos. Prudente de Moraes Neto, por sorte, conhecia Donga, companheiro de Pixinguinha nos Oito Batutas, que lhe fora apresentado pelo poeta vanguardista francês Blaise Cendrars, em sua passagem pelo Rio de Janeiro em 1924. Um estrangeiro teria chamado a atenção de intelectuais cariocas para a música popular de sua cidade.

Em 1926, tentando organizar a noitada para Gilberto Freyre, Prudente de Moraes Neto encontrou Donga acompanhando a banda Carlito Jazz, que tocava na temporada da companhia de teatro de revista francesa Bataclan, "o alegre e brejeiro bando de mme. Rasimi", que no Rio apresentava os espetáculos *C'est Paris*, *Au revoir*, e *Revue de la revue*. Marcaram o encontro para um café na rua do Catete, "quase fronteiro à Faculdade de Direito", que fechou suas portas especialmente para a ocasião. Prudente de Moraes Neto diz que os músicos Pixinguinha, Donga, Sebastião Cirino (autor de *Cristo nasceu na Bahia*, o samba de maior sucesso daquela temporada),[2] Patrício Teixeira e Nelson (não menciona o sobrenome, mas devia ser Nelson Alves, que tocou cavaquinho com os Oito Batutas) compareceram.

No relato de Prudente de Moraes Neto sobre o episódio não é mencionada a presença de Villa-Lobos, como aparece no diário de Gilberto Freyre. Talvez tenha sido esquecimento. Talvez um lapso do pernambucano, que gostava de identificar a boemia afro-brasileira-carioca com a figura nacionalista (e também boêmia e popular entre os sambistas da cidade) de Villa-Lobos, como demonstra este seu depoimento de décadas depois:

> Meu amigo Assis Chateaubriand iniciou-me em vários brasileirismos cariocas e Estácio Coimbra, noutros. Até que, com Prudente de Moraes Neto, Sérgio Buarque de Holanda e Jaime Ovalle, me iniciei noutra espécie desses brasileirismos: no Rio por assim dizer afro-carioca e noturno. O Rio de Pixinguinha e Patrício. O Rio ainda de violões, de serenatas, de mulatas quase coloniais que à autenticidade brasileira acrescentavam, como as iaiás brancas de Botafogo e as sinhás de Santa Teresa, uma graça que eu não vira nunca nem nas mulatas nem nas iaiás brancas do Norte. Era a graça carioca. Era o Rio de Villa-Lobos (citado em Carvalho, 1988: 94).

O regionalista Gilberto Freyre estava sendo seduzido pela cultura popular carioca. Não só ele: todo o Brasil, principalmente a partir dos anos 1930, passa (ou é obrigado) a reconhecer no Rio de Janeiro os emblemas de sua identidade de povo "sambista".

---

2 Esse samba foi citado por Oswald de Andrade em seu *Manifesto antropofágico*, publicado em 1928: "Nunca fomos catequizados. Vivemos através de um direito sonâmbulo. Fizemos Cristo nascer na Bahia. Ou em Belém do Pará" (Andrade, 1972: 14).

Uma outra referência ao inusitado encontro aparece no artigo, publicado por Gilberto Freyre no *Diário de Pernambuco* em 19/09/1926, sugestivamente intitulado "Acerca da valorização do preto". O tom da narrativa jornalística é um pouco diferente daquele adotado no diário. Gilberto Freyre, em seus artigos de jornal daquela época, não perdia a oportunidade de criar uma polêmica e de advogar ideias que só depois seriam desenvolvidas em livros como *Casa-grande & senzala*. Seu estilo é quase sempre militante, disposto a comprar brigas com os leitores, caso necessário. Aqui estão suas palavras:

> Ontem, com alguns amigos — Prudente, Sérgio — passei uma noite que quase ficou de manhã a ouvir Pixinguinha, um mulato, tocar em flauta coisas suas de carnaval, com Donga, outro mulato, no violão, e o preto bem preto Patrício a cantar. Grande noite cariocamente brasileira.
>
> Ouvindo os três sentimos o grande Brasil que cresce meio tapado pelo Brasil oficial e postiço e ridículo de mulatos a quererem ser helenos (...) e de caboclos interessados (...) em parecer europeus e norte-americanos; e todos bestamente a ver as coisas do Brasil (...) através do *pince-nez* de bacharéis afrancesados (Freyre, 1979: 330).

De novidade, com relação à narrativa do diário, temos uma classificação racial dos músicos, de mulatos a pretos bem pretos, e o reaproveitamento da teoria dos "dois Brasis" antagônicos, popularizada principalmente por Euclides da Cunha. Existiria então, para Gilberto Freyre, um Brasil "oficial e postiço e ridículo" que "tapa" o outro Brasil, este real, a ser "valorizado" junto com o preto.

O artigo, a propósito, começa com a afirmação: "Há no Rio um movimento de valorização do negro." As duas causas apontadas para o surgimento desse movimento são muito interessantes. A primeira seria a "influência de Blaise Cendrars, que vem agora passar no Rio todos os carnavais". Comentarei essa influência de Cendrars (e as representações de intelectuais brasileiros sobre essa influência) no capítulo sobre a relação de músicos populares e intelectuais modernistas brasileiros com o modernismo internacional, sobretudo francês. A segunda causa do "movimento de valorização do negro" seria mais abstrata: a "tendência para a sinceridade", apontada por Prudente de Moraes Neto em artigo para a revista *Estética*, que "está fazendo o brasileiro ser sincero num ponto de reconhecer-se penetrado da influência negra" (Freyre, 1979: 329).

No movimento de valorização do negro, na conquista da sinceridade, a música popular seria um elemento fundamental. Gilberto Freyre adota o estilo de manifesto: "pela valorização das cantigas negras, das danças negras, misturadas a restos de fados; e que são talvez a melhor coisa do Brasil" (Freyre, 1979: 329).

A ideia, advogada também por Gilberto Freyre, de um Brasil postiço que tapa o Brasil autêntico tem uma semelhança curiosa com o que pode ser visto como ponto de partida para este livro, levando-me a valorizar o encontro descrito acima: trata-se do grande mistério na história do samba.

Quando falo, talvez um tanto forçadamente, em grande mistério, não me refiro aos problemas que muitos pesquisadores da música popular brasileira gostam de debater: a origem etimológica da palavra samba; o local de nascimento do samba; a identidade dos primeiros sambistas; ou mesmo a lista completa dos compositores de *Pelo telefone*, tido como o "primeiro" samba. Penso especificamente na transformação do samba em ritmo nacional brasileiro, em elemento central para a definição da identidade nacional, da "brasilidade".

Hoje, em praticamente todas as tentativas de se escrever a história do samba, é reproduzida uma mesma narrativa de descontinuidade, como se os sambistas tivessem passado por dois momentos distintos em sua relação com a elite social brasileira e com a sociedade brasileira de forma geral. Num primeiro momento, o samba teria sido reprimido e enclausurado nos morros cariocas e nas "camadas populares". Num segundo momento, os sambistas, conquistando o carnaval e as rádios, passariam a simbolizar a cultura brasileira em sua totalidade, mantendo relações intensas com a maior parte dos segmentos sociais do Brasil e formando uma nova imagem do país "para estrangeiro (e para brasileiro) ver". Aí está o grande mistério da história do samba: nenhum autor tenta explicar como se deu essa passagem (o que a maioria faz é apenas constatá-la), de ritmo maldito à música nacional e de certa forma oficial. É em torno desse mistério, que está no cerne do encontro da turma de Gilberto Freyre (representando aqui — problematicamente, como em toda represen- tação — a elite) com a turma de Pixinguinha (representando o povo), que vai ser construído este livro.

Um bom resumo da história da transformação do samba em música nacional, de como essa passagem tem sido descrita por vários autores, é o seguinte trecho do "Post Scriptum" de Antônio Cândido a seu artigo "A revolução de 1930 e a cultura":

> (...) na música popular ocorreu um processo (...) de "generalização" e "normalização", só que a partir das esferas populares, rumo às camadas médias e superiores. Nos anos 1930 e 1940, por exemplo, o samba e a marcha, antes praticamente confinados aos morros e subúrbios do Rio, conquistaram o País e todas as classes, tornando-se um pão nosso quotidiano de consumo cultural. Enquanto nos anos 1920 um mestre supremo como Sinhô era de atuação restrita, a partir de 1930 ganharam escala nacional nomes como Noel Rosa, Ismael Silva, Almirante, Lamartine Babo, João da Bahiana, Nássara, João de Barro e muitos outros. Eles foram o grande estímulo para o triunfo avassalador da música popular nos anos 1960, inclusive de sua interpenetração com a poesia erudita, numa quebra de barreiras que é dos fatos mais importantes da nossa cultura contemporânea e começou a se definir nos anos 1930, com o interesse pelas coisas brasileiras que sucedeu ao movimento revolucionário (Candido, 1989: 198).

Um bom exemplo de como os historiadores e cronistas do samba abordam o assunto, e acabam concordando com Antônio Cândido, pode ser encontrado na imprescindível e já clássica coletânea de artigos de Jota Efegê, *Figuras e coisas da música popular brasileira*: "Naqueles idos de 1920 até quase 30, o samba ainda era espúrio. Era tido e havido como próprio de malandros, como cantoria de vagabundos. E a polícia, na sua finalidade precípua de zelar pela observância da boa ordem, perseguia-o, não lhe dava trégua" (Efegê, 1980, vol. 2: 24). Em outro artigo, vem o outro lado da moeda, a resistência: "Era assim a época heroica, valente, não se deixando intimidar. Sua gente espancada mas persistindo sempre", ignorando "o desprezo da burguesia". Mas "o samba mesmo assim venceu. Formou suas *escolas* e deslumbrou patrícios e estrangeiros" (Efegê, 1980, vol. 1: 122). Como sempre, não é analisada essa passagem misteriosa, da perseguição da polícia à vitória.

Na antropologia, a história do samba é também frequentemente resumida a partir das mesmas ideias contidas na análise de Antônio Cândido ou nos comentários de Jota Efegê, sendo geralmente aceita a visão de que o samba ficou um bom tempo restrito aos "morros" (ou favelas), só depois conquistando o gosto musical de uma elite até então distante da cultura popular afro-brasileira. Peter Fry afirma que "originalmente, quando o samba era produzido e consumido pelo povo do morro, era severamente reprimido pela polícia e forçado a se esconder no candomblé, então considerado ligeiramente mais aceitável. Com o tempo, entretanto, a importância crescente do carnaval provocou a transformação da repressão em apoio manifesto" (Fry, 1982: 51). Ruben Oliven retoma as palavras de Peter Fry em artigo de 1985: "o samba, outro 'legítimo' símbolo da cultura brasileira era, no começo, produzido e consumido nos 'morros' do Rio de Janeiro e reprimido com violência pela polícia. Foi com a crescente importância do carnaval que o samba passou a ser consumido pelo resto da população brasileira e se transformou na música brasileira por excelência" (Oliven, 1985: 12).

Como é possível perceber a partir das citações anteriores, o mistério do samba está ligado a outros mistérios brasileiros, tão centrais como o do próprio samba para o debate sobre a definição da identidade nacional no Brasil. Antônio Cândido se refere ao "interesse pelas coisas brasileiras" que surgiu nos anos revolucionários de 1930. O que eram essas coisas brasileiras? Quem definia o que era realmente brasileiro e, portanto, digno de interesse? Como uma elite que até então ignorava o brasileiro passa a se interessar e, mais do que se interessar, valorizar "coisas" como o samba, a feijoada (que pouco a pouco se transforma em prato nacional, apresentado com orgulho para os estrangeiros que aqui aportam) e a mestiçagem (principalmente entre brancos e negros)?

O mistério da mestiçagem (incluindo a valorização do samba como música mestiça) tem, para os estudos sobre o pensamento brasileiro, a mesma importância e a mesma obscuridade do mistério do samba para a história da música popular no Brasil. Como pôde um fenômeno, a mestiçagem, até então considerado a causa principal de todos os males nacionais (via teoria da degeneração), "de repente" aparecer transformado, sobretudo a partir do sucesso incontestável e bombástico de *Casa-grande & senzala*, em 1933, na garantia de nossa originalidade cultural e mesmo de nossa superioridade de "civilização tropicalista"? Não é arbitrária a tentativa de ligar a "generalização" (para continuar citando Antônio Cândido) do samba com o êxito de Gilberto Freyre no panorama intelectual brasileiro. Tudo fazia parte desse interesse "repentino" pelas coisas brasileiras. Como veremos adiante, para o caso de *Casa-grande & senzala*, essa reviravolta vai ser descrita quase como uma iluminação de seu autor. Gilberto Freyre fala de "uma espécie de cura psicanalítica" de todo o país; Gilberto Amado fala em "distabuzação". Todas essas expressões tendem a ressaltar o caráter súbito, descontínuo, de descoberta e valorização daquilo que seria "verdadeiramente brasileiro", daquilo que antes estava "tapado" pelo Brasil postiço. Todas elas só fazem aumentar o "mistério" do tema deste livro.

Para torná-lo ainda mais denso, podemos nos perguntar, junto com Peter Fry, "por que é que no Brasil os produtores de símbolos nacionais e da cultura de massa escolheram itens culturais produzidos originalmente por grupos dominados? E por que isto não ocorreu nos EUA e em outras sociedades capitalistas?" (Fry, 1982: 52). Essas perguntas já receberam diversas respostas. Vou citar apenas duas delas, propostas pela antropologia. O próprio Peter Fry lançou a seguinte hipótese: "a conversão de símbolos étnicos em símbolos nacionais não apenas oculta uma situação de dominação racial mas torna muito mais difícil a tarefa de denunciá-la" (Fry, 1982: 52/53). Roberto da Matta tem outra resposta: a desconstrução do "mito" da mestiçagem a partir da constatação da natureza "fortemente hierarquizada" da sociedade brasileira. Não haveria "necessidade de segregar o mestiço, o mulato, o índio e o negro, porque as hierarquias asseguram a superioridade do branco como grupo dominante" (Da Matta, 1981: 75). Daí (e assim Da Matta se aproxima de Peter Fry) uma preocupação com a intermediação e o sincretismo: a síntese impediria "a luta aberta ou o conflito pela percepção nua e crua dos mecanismos de exploração social e política" (Da Matta, 1981: 83).

Se os argumentos de Roberto da Matta podem sugerir explicações para a inexistência de uma necessidade premente de segregar "o mestiço, o mulato, o índio e o negro", eles não elucidam totalmente o forte investimento sociocultural que leva a identificar as "coisas brasileiras" com as coisas mestiças, principalmente aquelas de origem afro-brasileira, ou que levou a turma de Gilberto Freyre a se encontrar com a turma de Pixinguinha num momento tão importante para a formação da ideia de um Brasil "destapado", o "afloramento" do Brasil autêntico. Uma coisa é a aceitação — no meio dessa autenticidade — do samba, outra é o culto do samba, valorizado como símbolo de nossa originalidade cultural. Mesmo Thomas Skidmore, em artigo recente que tenta provar a inexistência de grandes diferenças entre as atitudes raciais de brasileiros e americanos (com a apresentação de muitos dados quantitativos que comprovam a existência de um violento racismo brasileiro), reconhece que "a persistente negrofobia dos brancos norte-americanos" seria "um traço relativamente ausente na história brasileira" (Skidmore, 1992: 61). Além disso, "a contínua realidade de miscigenação na América inglesa [foi] transformada pelos homens brancos em uma ameaça psíquica" (Skidmore, 1992: 61). No Brasil, sabemos como a "realidade da miscigenação" virou tema de orgulho nacional para autores como Gilberto Freyre.

Essas hipóteses e comparações serão discutidas, no decorrer deste livro, a partir de uma análise, a mais detalhada possível, do processo de transformação do samba de "símbolo étnico" (se é que algum dia chegou a ser um símbolo étnico) em símbolo nacional. Uma atenção especial será dedicada, como a descrição do encontro de Gilberto Freyre e Pixinguinha já deixou entrever, às relações entre, de um lado, membros da elite e de grupos intelectuais brasileiros e, de outro, a cultura popular, principalmente em seus aspectos musicais.

Não é nosso objetivo aqui fazer uma antropologia do samba; afinal, não se trata de um livro sobre o samba, tampouco de antropologia musical: a música aparece aqui como um campo privilegiado onde é possível perceber determinados aspectos do debate sobre a definição da identidade brasileira e suas sequelas. Este livro pode ser visto como um estudo das relações entre cultura popular (incluindo a definição do que é popular no Brasil) e construção da identidade nacional. A escolha do samba como exemplo principal e campo de trabalho é estratégica, mas deve ser considerada apenas uma escolha entre dezenas de outras possíveis. Poderíamos usar a história do rock brasileiro como fonte principal de nossas reflexões. Mas o samba, por sua característica de "pão-nosso cotidiano de consumo cultural" (discutirei que "nosso" é esse nos próximos capítulos) e de "música brasileira por excelência", ocupa lugar central em todo esse debate sobre a brasilidade.

São muitos os intelectuais que reconhecem a importância da música popular no debate sobre a cultura brasileira. Já vimos como Antônio Cândido se referiu ao "triunfo avassalador da música popular nos anos 1960" gerando um dos "fatos mais importantes de nossa cultura contemporânea". O modernista Mário de Andrade escreveu, em 1939, que a música popular tornava-se "a criação mais forte e a caracterização mais bela da nossa raça" (Andrade, M., 1965). Gilberto Freyre chegou a dizer que:

> A música vem sendo a arte por excelência brasileira no sentido de ser, desde os começos nacionais e até coloniais do Brasil, aquela — dentre as belas-artes — em que de preferência se tem manifestado o espírito pré-nacional e nacional da gente luso-americana: da aristocrática e burguesa tanto quanto plebeia ou rústica (Freyre, 1974: 104).

A música, portanto, mais que as outras artes, é descrita como tendo essa capacidade de, como dizia Antônio Cândido, realizar uma "quebra de barreiras", servindo de elemento unificador ou de canal de comunicação para grupos bastante diversos da sociedade brasileira. Não interessa tanto, aqui, discutir a veracidade dessa descrição; basta apontar sua importância para vários intelectuais que discutem aspectos da nossa identidade nacional. É levando em conta essa importância que a história da música popular, principalmente do samba, vai ser discutida nos próximos capítulos deste livro.

Este livro não pretende desvendar o mistério do samba. Meu objetivo seria mais bem-descrito como um deslocamento desse mistério. Pretendo mostrar como a transformação do samba em música nacional não foi um acontecimento repentino, indo da repressão à louvação em menos de uma década, mas sim o coroamento de uma tradição secular de contatos (o encontro descrito acima é apenas um exemplo) entre vários grupos sociais na tentativa de inventar a identidade e a cultura popular brasileiras. Não é minha intenção negar a existência da repressão a determinados aspectos dessa cultura popular (ou dessas culturas populares), mas apenas mostrar como a repressão convivia com outros tipos de interação social, alguns deles até mesmo contrários à repressão. Vou tentar mapear as relações entre os primeiros sambistas cariocas e outros grupos sociais (brasileiros e estrangeiros), mostrando como foram pavimentados os caminhos que levaram à aceitação do samba por grande parte da população brasileira, ou pelo menos à sua definição (quase oficial, pois envolve também esforços do Estado brasileiro) como a música brasileira por excelência. Vou tentar também mapear alguns dos debates travados entre intelectuais e membros da elite brasileira da época, principalmente aqueles (sobre a mestiçagem, sobre o povo, sobre a unidade nacional, por exemplo) que levaram à aproximação de algumas de suas facções internas (pois a elite, como o povo, não é considerada neste livro como um grupo homogêneo) com os músicos populares que estavam inventando o samba.

O processo histórico-antropológico a ser analisado prioritariamente neste livro pode ser pensado como um exemplo de "invenção da tradição" ou de "fabricação da autenticidade" brasileiras, para usar expressões sustentadas, respectivamente, por Eric Hobsbawn e Richard Peterson (ver Hobsbawn, 1990; Peterson, 1992). O significado dessas expressões será discutido adiante, mas devo adiantar alguns pontos.

Estou interessado no debate sobre a autenticidade do samba, mas por motivos pouco "autênticos". Subscrevo as palavras de Richard Peterson sobre o assunto, pinçadas de seu artigo sobre a invenção da *country music* norte-americana: "a autenticidade não é um traço inerente ao objeto ou ao acontecimento que se declara autêntico; trata-se de fato de uma construção social que deforma parcialmente o passado" (Peterson, 1992: 4). Portanto a transformação do samba em música nacional nunca será entendida, aqui, como uma descoberta de nossas verdadeiras "raízes" antes escondidas, ou "tapadas", pela repressão, mas sim como o processo de invenção e valorização dessa autenticidade sambista.

Também não considero a cultura popular como propriedade ou invenção de um único grupo social. Concordo com as seguintes palavras de Néstor Garcia Canclini: "O popular se constitui em processos híbridos e complexos, usando como signos de identificação elementos procedentes de diversas classes e nações" (Canclini, 1992: 205). Levando isso em conta, não penso ser uma afirmação arriscada dizer que o samba não é apenas a criação de grupos de negros pobres moradores dos morros do Rio de Janeiro, mas que outros grupos, de outras classes e outras raças e outras nações, participaram desse processo, pelo menos como "ativos" espectadores e incentivadores das performances musicais. Por isso serão privilegiadas, aqui, as "relações exteriores" ao mundo do samba.

O livro está construído em torno de um único acontecimento, o encontro entre sambistas e intelectuais descrito acima. Os capítulos seguintes serão desenvolvimentos dos vários aspectos desse encontro, de como foi possível e quais foram suas "consequências" mais imediatas, já que não teve "grandes" consequências, nem mesmo na obra de seus participantes. Talvez tenha sido isso o que mais me atraiu nessa esquecida noitada de samba: o fato de poder ter sido esquecida, de ser apenas um encontro a mais, relegado à terrível banalidade de um acontecimento qualquer, desses que nunca passarão à História.

Apesar da "banalidade", o episódio é um ótimo ponto de partida para se pensar a invenção da tradição nacional-popular brasileira, pois nele figuram os principais elementos a serem analisados: as relações entre intelectuais/elite e "populares"; a valorização do popular; a criação de uma nova identidade nacional; as teorias da mestiçagem racial e cultural; a "descoberta" do Brasil pelos modernistas; a "unidade" da pátria construída a partir do Rio de Janeiro e suas relações com o "regionalismo"; as várias vertentes do discurso nacionalista; o samba como "a melhor coisa do Brasil". Comecemos pela relação entre a elite brasileira e a música popular.

2
ELITE BRASILEIRA E MÚSICA POPULAR

O encontro descrito no capítulo anterior não foi um fato extraordinário, único ou inédito na história da música popular no Brasil. Era apenas mais uma reunião de intelectuais e músicos das camadas populares, dentro da longa tradição de relações entre vários segmentos da elite brasileira (fazendeiros, políticos, aristocratas, escritores etc.) com as várias manifestações da musicalidade afro-brasileira.

Essa história é antiga. Seus primeiros registros mais claros começam com a invenção e popularização da modinha e do lundu, no final do século XVIII, quando o Brasil ainda era colônia portuguesa. O viajante Thomas Lindley narra, em livro lançado em 1802, como eram as festas em Salvador naquela virada de século:

> (...) em algumas casas de gente mais fina ocorriam reuniões elegantes, concertos familiares, bailes e jogos de cartas. Durante os banquetes e depois da mesa bebia-se vinho de modo fora do comum, e nas festas maiores apareciam guitarras e violinos, começando a cantoria. Mas pouco durava a música dos brancos, deixando lugar à sedutora dança dos negros, misto de coreografia africana e fandangos espanhóis e portugueses (citado em Pinho, 1959: 27).

Esse retrato nos mostra uma elite baiana impaciente com as regras da elegância europeia e que basta ficar um pouco embriagada para "cair na folia" negra. Negra, mas já miscigenada: Lindley aponta mesmo a fusão coreográfica entre danças africanas e ibéricas. Tal fusão, realizada há tanto tempo, torna de certa maneira vã toda tentativa de procurar estabelecer o que é realmente africano ou europeu em nossas danças "populares" atuais.

A elite baiana ainda tentava prestar honras à etiqueta europeia, o que não acontecia em todas as regiões do Brasil. Outro viajante, Tollenau, reclama que nos salões pernambucanos daquela mesma época "só se sabia dançar o lundu" (citado em Pinho, 1959: 29). Talvez tal fato possa ser explicado, como propõe Gilberto Freyre em *Sobrados e mucambos,* pelo isolamento da colônia. Mas essa ideia de isolamento deve ser relativizada. Uma breve história da modinha é um bom caminho para atingir esse objetivo. Veremos como a própria aristocracia portuguesa, em Lisboa, já estava se deixando seduzir pelas fusões afro-brasileiras importadas de sua colônia. As regras de etiqueta europeias não seriam tão rígidas assim.

O padre, carioca e mulato Domingos Caldas Barbosa foi o "primeiro compositor reconhecido historicamente" no Brasil, sendo considerado pelos historiadores da música popular brasileira como o estilizador e divulgador da modinha. José Ramos Tinhorão, o mais importante desses historiadores, descreve a modinha como a maneira brasileira, inventada principalmente por mulatos das camadas populares, de se tocar as modas — ou canções líricas — portuguesas. As modinhas brasileiras privilegiavam temas amorosos (sendo mais explícitas em sua libidinagem) e eram acompanhadas principalmente por instrumentos de cordas, como o violão ou o bandolim (ver Tinhorão, 1986).

Filho de pai branco e mãe preta angolana, a "condição" mestiça de Caldas Barbosa não o impediu de, já em 1775, fazer sucesso nos salões mais aristocráticos de Lisboa. A reação antimodinha veio, surpreendentemente, da parte de poetas como Bocage, Filinto Elíseo e Antônio Ribeiro dos Santos. Este último "chegou a considerar sua presença [a de Caldas Barbosa] como indício da dissolução da corte portuguesa". Os principais ameaçados pela moda da libidinosa música colonial não tiveram a mesma reação, muito pelo contrário: Caldas Barbosa influenciou compositores eruditos portugueses que também passaram a assinar suas modinhas.

É quando começa o período de "italianização" (pois os compositores portugueses geralmente estudavam na Itália) da modinha, com a influência das operetas, também grandes sucessos na Lisboa da época, de Bellini e Donizetti. É com essa nova roupagem que a modinha volta para o Brasil, trazida pela corte do futuro dom João VI.[1] No Rio e em Salvador, a nova modinha torna a influenciar os músicos brasileiros e passa por uma fase que Tinhorão chama de "repopularização e renacionalização" (Tinhorão, 1986: 19). Como já é possível perceber, o vaivém de influências, inclusive internacional, não esperou pelo advento dos meios eletrônicos de comunicação de massa, ou mesmo pela divulgação dos primeiros discos, para provocar modificações em gêneros musicais de todo o mundo.

Depois da proclamação da independência, e durante o reinado de dom Pedro I, a modinha era parte integrante da vida da nova corte, ou pelo menos da parte "sombria" dessa corte. A marquesa de Santos, amante do imperador, por exemplo, "em sua intimidade e nas festas que dava em seu palácio de São Cristóvão, cantava modinhas e lundus melancólicos acompanhando-se com o dedilhar nas cordas do choroso instrumento [o violão]" (Maul, s/d2: 65). Ainda segundo seu biógrafo Carlos Maul, os poderosos amigos mais íntimos da marquesa de Santos também se dedicavam à música popular:

1 A modinha também continua a "voltar" para a Europa: em 1824 foi publicado em Paris um livro com as modinhas de Joaquim Manuel, outro mulato (segundo Gilberto Freyre, 1974: 104), harmonizadas pelo compositor Sigismund Neukomm, o "discípulo preferido de Joseph Haydn" (segundo o verbete "modinha" da *Enciclopédia de música brasileira*). Essa relação entre Joaquim Manuel e Neukomm, que morou no Rio de Janeiro entre 1816 e 1821, mostra como eram fluidas as fronteiras entre músicos eruditos e populares naquela época. E durante todo o século XIX Carlos Gomes também assinou várias modinhas.

"Frequentavam-na personalidades eminentes. Gonçalves Ledo [deputado-geral e inimigo de José Bonifácio], José Clemente Pereira [ministro do Império, ministro da Guerra e senador] e o cônego Januário da Cunha Barbosa [cônego da Capela Imperial, diretor da Imprensa Nacional e da Biblioteca Pública] são dos mais assíduos. E nos saraus o cônego costuma deixar de lado a política para tocar violão e cantar modinhas" (Maul, s/d1: 49).

Em meados do século XIX, a renovação (ou a renacionalização, como quer Tinhorão) da modinha teve a participação de vários segmentos da sociedade brasileira. Como diz Gilberto Freyre: "A modinha (...) foi um agente musical de unificação brasileira, cantada, como foi, no Segundo Reinado, por uns ao som do piano, no interior das casas nobres e burguesas; por outros, ao som do violão, ao sereno ou à porta até de palhoças" (Freyre, 1974: 107). Entretanto, o fenômeno que mais contribuiu para essa renovação da modinha foi a interação de músicos com jovens intelectuais e escritores românticos. O principal local desses encontros era a tipografia do "editor e poeta mulato Francisco de Paula Brito" (Tinhorão, 1986: 20), na Praça da Constituição, hoje Praça Tiradentes, no Rio de Janeiro, frequentada por Machado de Assis, José de Alencar, Gonçalves Dias, o músico e poeta (de ascendência cigana) Laurindo Rabello, além de "instrumentistas das classes populares" (Tinhorão, 1986: 21). Um encontro entre intelectuais e músicos populares que, como vimos, vai se repetir na história do desenvolvimento do samba.

Em *Vida e obra de Paula Brito*, Eunice Ribeiro Gondim escreve que "toda a geração romântica e febril de 1839 a 1861 frequentou a casa de Paula Brito" (Gondim, 1965: 59). Sua tipografia era palco de uma reunião de amigos (e inimigos) depois chamada de Sociedade Petalógica (que vem de peta, mentira). Machado de Assis, que foi tipógrafo de Paula Brito, assim descreveu a Sociedade:

> (...) onde ia toda a gente, os políticos, os poetas, os dramaturgos, os artistas, os viajantes, os simples amadores, amigos e curiosos — onde se conversava de tudo, desde a retirada de um ministro até a pirueta da dançarina da moda; onde se discutia tudo, desde o dó do peito de Tamberlick até os discursos do Marquês de Paraná, verdadeiro campo neutro onde o estreante das letras se encontrava com o conselheiro, onde o cantor italiano dialogava com ex-ministros (citado em Gondim, 1965: 59).

O folclorista Mello de Moraes Filho acrescenta outras lembranças a essas já citadas: na loja de Paula Brito, o maestro Francisco Manoel, "para descansar de suas composições sacras e de longo fôlego, punha em música hymnos e lundús daquelle porte" (Moraes Filho, 1904: 154). Como é possível perceber a partir desses depoimentos, o "campo neutro" da tipografia era na verdade um território de mediações interculturais, possibilitando o encontro de grupos sociais de várias procedências.

A existência de indivíduos que agem como mediadores culturais, e de espaços sociais onde essas mediações são implementadas, é uma ideia fundamental para a análise do mistério do samba. A cultura brasileira é uma cultura heterogênea, em que podemos notar "a coexistência, harmoniosa ou não, de uma pluralidade de tradições cujas bases podem ser ocupacionais, étnicas, religiosas etc." (Velho, 1981: 16). A heterogeneidade cultural é uma das principais características das sociedades complexas, que podem ser vistas como "produto nunca acabado da interação e negociação da realidade efetivadas por grupos e mesmo indivíduos cujos interesses são, em princípio, potencialmente divergentes" (Velho, 1980: 17). Nessa situação surge a possibilidade de constituição daquilo que Gilberto Velho denomina "individualidade singular" ou "individualização radical":

> Quanto mais exposto estiver o ator a experiências diversificadas, quanto mais tiver de dar conta de *ethos* e visões de mundo contrastantes, quanto menos fechada for sua rede de relação ao nível de seu cotidiano, mais marcada será sua autopercepção de *individualidade singular* (Velho, 1981: 32).

Esses indivíduos "radicais" e extremamente singularizados podem elaborar projetos que tenham como objetivo a facilitação (e também a intensificação, a aceleração, a instituição) das trocas e outros tipos de relações entre dois ou mais "mundos" que participam da heterogeneidade cultural das sociedades complexas.[2]

Um dos principais "agentes mediadores" que frequentavam a tipografia de Paula Brito era o músico e médico militar Laurindo Rabello. Vale a pena citar alguns detalhes de sua biografia como exemplo das possibilidades de mediação cultural em meados do século passado.

Segundo Mello de Moraes Filho, no livro *Artistas de meu tempo*, um acontecimento decisivo para a família de Laurindo Rabello foi a carta régia de 15 de abril de 1718 que deportou os ciganos portugueses para o Brasil. Laurindo nasceu no Rocio, no Rio de Janeiro, em 1826, e teve uma infância pobre, enfrentando também desde cedo "o preconceito social (...) que bania como mestiço o trovador trigueiro de bem diversa raça" (Moraes Filho, 1905: 145). Apesar de seus "cabellos louros", era visto como um "trovador moreno".

Esses preconceitos foram mais fortes na juventude do que na maturidade de Laurindo. Se um dia o fato de ser cigano o impediu de se unir com "o amor de juventude", tal condição racial não foi empecilho para sua celebridade artística (e também intelectual) entre a elite imperial.

Tentara seguir a carreira militar, ser padre, mas acabou entrando para a Escola de Medicina. Com dificuldades financeiras para concluir seu curso no Rio de Janeiro, foi convidado pelo conselheiro Salustiano Souto a ir terminar seus estudos na Bahia. Formado, entrou para o Exército como médico, trabalhou no hospital do Castelo e, depois de brigar com seu chefe, foi transferido para o Sul do país.

Estudos, mudanças e atividades médicas e militares não o afastaram da poesia e da música. Pelo contrário, durante todo esse período sua fama de "nosso Bocage" só fez espalhar-se por todo o país.

---

2 Michel Vovelle, em seu livro *Ideologias e mentalidades*, chama de mediadores culturais principalmente os personagens que colocam em relação o erudito e o popular (ver Vovelle, 1978).

Mello de Moraes Filho diz que a presença do trovador cigano era requisitada em muitos "saráos de família" realizados naquela época no Rio de Janeiro. Eis aqui uma boa descrição do que acontecia nesses "saráos":

> Em geral, depois de adeantada hora da noite, quando a música ia estridente e as dansas ferviam em rodopio, certo número de apreciadores apinhava-se ao redor de Laurindo que, menestrel e bardo, a um dos ângulos da sala de jantar, cantava ao violão sentimentaes modinhas e buliçosos lundús (Moraes Filho, 105: 170-1).

Outro músico da época que pode ser considerado também um mediador entre vários grupos sociais é Alexandre Trovador, descrito por Catulo da Paixão Cearense como um "preto magrinho" (Maul, s/d2: 40) e por Mello de Moraes Filho como um "creoulinho (...) esperto, sagaz e habilidoso" (Moraes Filho, 1904: 155). Alexandre aprendeu "a pentear senhoras" no cabeleireiro de Frederico Reis (frequentado por João Caetano, pelas famílias Abrantes, Caxias, Paraná e Uruguay), que também ficava na atual Praça Tiradentes,[3] perto da tipografia de Paula Brito. Sua fama como cabeleireiro logo se espalhou pela cidade e Alexandre começou a ser requisitado para pentear, a domicílio, a imperatriz, a princesa Isabel, marquesas, condessas e baronesas, além das atrizes francesas que no Rio se apresentavam. Mas os dotes artísticos de Alexandre não se restringiam aos penteados. Sua voz "mixta de soprano e contralto" também conquistara a cidade. Cantava óperas italianas e modinhas brasileiras, sendo que as óperas também eram acompanhadas ao violão que, segundo Moraes Filho, Alexandre "tangia exímio". O mesmo autor afirma que "o descomunal Trovador assignalou uma época" (Moraes Filho, 1904: 156). Tanto talento não o impediu de morrer na pobreza e ter seu corpo enterrado em vala comum.

Entre outros músicos importantes daquela época (de meados para o final do século XIX), lembrados por Catulo da

---

3 Na atual Praça Tiradentes também estavam situadas as casas da baronesa de Jundiaí e do dr. Dias da Cruz. A promiscuidade entre classes e culturas era evidente e facilitava as mediações interculturais de que venho falando.

Paixão Cearense, podemos citar os "morenos" Tinoco, João Rolas e Anacleto de Medeiros (também admirado por Carlos Gomes — Freyre, 1974: 104), o "negro" Eduardo das Neves e o Sinhô das Crioulas, descrito como de "beleza apolínea", devendo tal apelido ao fato de que "só amava as crioulas" (Maul, s/d2: 41). A pele escura dos músicos não parecia ter o poder de afastá-los da fama, por mais momentânea que fosse, junto à elite carioca da época. Tampouco o violão foi totalmente afastado dos saraus familiares cariocas, apesar de toda a tendência re-europeizante do piano.

A trajetória artística de Catulo da Paixão Cearense também pode iluminar alguns aspectos da atuação do músico popular como mediador cultural entre mundos artísticos distintos, na sua versão brasileira. Essa atividade mediadora perpassou a *belle époque* carioca, período no qual muitos autores identificam uma total separação entre a cultura das elites e a cultura popular no Rio de Janeiro. Essa é, por exemplo, a opinião de Jeffrey Needell, para quem na *belle époque* "tropical", que vai de 1898 a 1914, a tendência dominante era de "pôr um fim ao Brasil antigo, ao Brasil 'africano' que ameaçava suas pretensões à civilização, apesar de se tratar de uma África bem familiar à elite" (Needell, 1993: 77). Essa também é a opinião de Mônica Velloso, que escreve em *As tradições populares na belle époque carioca*: "o endeusamento do modelo civilizatório parisiense é concomitante ao desprestígio das nossas tradições. (...) Mais do que nunca, a cultura popular é identificada com negativismo, na medida em que não compactuaria com valores da modernidade" (Velloso, 1988: 8/9). E continua: "Nos salões da moda, nos cafés e conferências literárias, a referência ao nativo atinge o máximo de desqualificação" (Velloso, 1988: 17). Mas ao lado dessa tendência re-europeizante (como quer Gilberto Freyre), talvez até dominante[4] no

4 Tendência dominante *ma non troppo*: Wilson Martins tem razão ao criticar Jeffrey Needell por superestimar a extensão e a profundidade que teve, no Brasil, a imitação francesa (Martins, 1994: 4).

período, subsistiram (não sei se vale a pena usar aqui a ideia de resistência) e foram inventadas práticas sociais que colocavam em cena um outro tipo de relação com os universos populares.

Catulo nasceu no Maranhão em 1863. Passou sua infância no interior do Ceará e chegou ao Rio, aos 17 anos, com o pai, que era ourives e leitor de clássicos da literatura, indo residir em Botafogo. Seu pai, Amâncio, morreu em 1885, deixando Catulo em precária situação financeira, sendo obrigado a trabalhar como estivador no porto do Rio. Mesmo durante esse período de estiva, ele já cantava suas modinhas em "residências de abastados". Foi num desses saraus que Catulo conheceu o conselheiro Gaspar da Silveira Martins, que pouco tempo depois o convidou para morar em sua residência no Jardim Botânico e dar aulas de português para seus filhos. O canto de Catulo começou a conquistar muitos admiradores na elite da cidade. Suas modinhas faziam sucesso nas "reuniões lítero-musicais" na casa do senador Hermenegildo de Morais e nos saraus de Mello de Moraes Filho (que nessa época também "promovia desfiles de reconstituição de motivos folclóricos, como as 'Pastorinhas' e os 'Reisados'" — Maul, s/d2: 25).

Outro salão importante dessa virada de século foi o de Alberto Brandão, frequentado por Sílvio Romero, Barbosa Rodrigues, Mello de Moraes Filho e Raul Villa-Lobos, sempre acompanhado pelo filho Heitor, então com 11 anos de idade. Segundo Vasco Mariz, "eram noitadas memoráveis em que se encontravam bem representados todos os gêneros musicais do Nordeste" (Mariz, 1989: 26). Em plena *belle époque*, o Rio de Janeiro vivia uma "moda da regionalização" que tomou conta da música popular. José Ramos Tinhorão interpreta assim essa moda: era um "gosto pelo *exótico nacional*, que desde a primeira década do século XX o público dos salões começou a cultivar, numa atitude que punha em moda o *folclórico*"[5] (Tinhorão, 1986: 35). Catulo, como veremos, vai saber se aproveitar muito bem do interesse que as coisas nortistas e sertanejas despertavam.

---

5 Lembremos que os primeiros estudos sobre o folclore brasileiro estavam sendo publicados nessa época, sob a influência de Sílvio Romero.

Mas antes de virar um "cantor sertanejo", Catulo ainda viveu seu momento de glória como mestre das modinhas nos salões cariocas. Segundo seu biógrafo Carlos Maul, a consagração se deu em 1906, no salão de Mello de Moraes Filho. O historiador, político e jornalista Rocha Pombo publicou um artigo sobre certa noite, no *Correio da Manhã*: quando Catulo parou de cantar "houve uma verdadeira explosão de delírio, tão espontânea, tão ruidosa, tão vibrante, como se um formidável tufão barafustasse naquele ambiente" (citado em Maul, s/d2: 27). Depois disso, Catulo cantou para Rui Barbosa no solar da Rua São Clemente ("Lemos Brito acentua que de seus [de Rui Barbosa] olhos desceram lágrimas" — Maul, s/d2: 33) e em 1908 apresentou suas modinhas, ao violão, no Instituto Nacional de Música, que era dirigido pelo maestro Alberto Nepomuceno. Em 1914 Catulo cantou no Palácio do Catete, então residência do presidente da República, a convite de Nair de Teffé, mulher do presidente Hermes da Fonseca.

Em entrevista a Carlos Maul, Nair de Teffé fez os seguintes comentários sobre seu encontro com Catulo: "No Brasil daquela época (...) só se cantava em línguas estrangeiras, principalmente em francês, italiano e alemão. Eu mesma só cantava nesses idiomas. Devo a Catulo a sugestão de cantar de preferência na nossa língua." E continua: "Ainda residindo no Catete resolvi dar uma audição exclusivamente minha com canções de poetas e compositores nossos. De entre estes destaquei Chiquinha Gonzaga" (Maul, s/d2: 69). Dona Nair exagera ao dizer que no Brasil "só se cantava" em língua estrangeira, talvez para se apresentar à história como pioneira. Como vimos, em muitos salões importantes do Rio de Janeiro daquela época se valorizavam, e muito, os cantares nacionais.

Nair de Teffé certamente foi corajosa ao cantar ritmos nacionais para convidados do Palácio do Catete. Rui Barbosa, o mesmo que chorou quando ouviu Catulo da Paixão Cearense em casa, não perdeu a oportunidade de, nos jornais, condenar a ousadia de seus inimigos políticos: "nas recepções presidenciais o *Corta-Jaca* é executado com todas as honras da música de Wagner e não se quer que a consciência deste país se revolte, que as nossas se enrubesçam e que a mocidade se ria" (citado em Efegê, vol. 2: 128). Nossas opiniões e esses exageros devem ser contextualizados para não serem tomados ao pé da letra. Nem Rui Barbosa detestava a música popular brasileira, como veremos, nem o governo Hermes da Fonseca foi o primeiro a introduzir os ritmos nacionais nos palácios.

O Rei de Ouro, primeiro rancho carnavalesco carioca, fundado pelo tenente Hilário Jovino Pereira em 1893 numa tentativa de reproduzir no Rio de Janeiro os festejos baianos, não demorou muito a se apresentar para a elite governamental. Em 1894 o Rei de Ouro cantou em pleno Itamarati, diante do presidente Floriano Peixoto. O tenente Hilário não se espantava muito com tal plateia: "Na Bahia, os ranchos fazem cerimônias na Praça do Palácio em cumprimento ao governador" (entrevista ao jornalista Vagalume, realizada em 1931, citada em Cabral, 1974: 15). Por que fingir que essa interação elite/cultura popular não acontecia? Por que dizer que nossos músicos populares eram simplesmente reprimidos ou desprezados pela elite brasileira?

Outro aparente exagero dos "bem-intencionados" defensores das "coisas brasileiras", mais ou menos contemporâneos da *belle époque*, é dizer que o violão desaparecera dos salões cariocas para dar lugar quase exclusivo ao piano, que acompanhava principalmente árias de óperas italianas. Essa argumentação está presente em, por exemplo, *O triste fim de Policarpo Quaresma*, romance de Lima Barreto, publicado em 1915.

A trágica história de Policarpo começa com um capítulo intitulado "A lição de violão". Nele, o herói do romance, o major Policarpo, depois de adquirir "certeza", consultando "historiadores, cronistas e filósofos", de que "a modinha acompanhada pelo violão" seria "a expressão poético-musical característica da alma nacional" (Barreto, s/d: 16), resolve ter aulas daquele instrumento com o trovador Ricardo Coração dos Outros.

Sua decisão não é aprovada pelos vizinhos suburbanos cariocas, que exclamam: "Um homem tão sério metido em tais malandragens!"; "Um violão em casa tão respeitável!" O major "estava perdido, maluco, diziam". A defesa de Policarpo era nacionalista: "É preconceito supor-se que todo o homem que toca violão é um desclassificado. A modinha é a mais genuína expressão da poesia nacional e o violão é o instrumento que ela pede." E para a defesa da modinha cita fatos históricos e autores estrangeiros: "Nós é que temos abandonado o gênero, mas ele já esteve em honra, em Lisboa, no século passado, com o Padre Caldas, que teve um auditório de fidalgas. Beckford, um inglês notável, muito o elogia" (Barreto, s/d: 12).

O problema é saber quem é esse "nós" que abandonou a modinha. Na sequência do romance, algumas passagens servem para relativizar a impressão de que o violão e a modinha (e toda a cultura popular nacional) tivessem caído em desgraça no Rio de Janeiro daquela época. O próprio Ricardo Coração dos Outros nos é apresentado como "um artista a frequentar e a honrar as melhores famílias do Méier, Piedade e Riachuelo [bairros do subúrbio do Rio de Janeiro]" e "sua fama já chegava a São Cristóvão e em breve (ele o esperava) Botafogo [o bairro privilegiado pela elite daquela época] convidá-lo-ia, pois os jornais já falavam no seu nome e discutiam o alcance de sua obra e de sua poética" (Barreto, s/d: 16).

Numa festa na casa do general Albernaz, vizinho de Policarpo, as apresentações musicais mostram um grande apreço de jovens e velhos pelas "coisas brasileiras", tanto que a "*romanza* italiana" cantada ao piano pela "famosa filha de Lemos" (que já ia se formar no conservatório) foi recebida com frieza, ao passo que o violão e as modinhas de Ricardo Coração dos Outros foram "um triunfo". Apesar de toda a ironia de Lima Barreto, podemos notar a descrição de uma sociedade contraditória que, "da boca para fora", parecia condenar a cultura popular carioca, mas que aplaudia essa mesma cultura em sua vida cotidiana. Ou uma sociedade heterogênea, em que a condenação do brasileiro convivia com o aplauso a esse mesmo brasileiro, dependendo da situação, da festa ou do grupo social que estava sendo frequentado. De alguma forma, a trajetória de Ricardo Coração dos Outros lembra muito a de Catulo da Paixão Cearense. Só que Catulo realizou o sonho de Ricardo: conquistar Botafogo.

Antes de se apresentar no Catete, Catulo da Paixão Cearense já lançara seus grandes *hits* nordestinos, escritos em parceria com o violonista João Pernambuco, como a toada *Cabocla di Caxangá* (1912) e o coco *Luar do sertão* (1913). O cronista Luís Edmundo, no livro *O Rio de Janeiro de meu tempo*, elogia Catulo por reabilitar "a canção patrícia e popular, vilipendiada pelo preconceito desnacionalizador" (citado em Tinhorão, 1986: 34).

Esse tom nacionalista não nos deve enganar: a entrada em cena dos exóticos ritmos nacionais não significou necessariamente uma condenação das vogas estrangeiras. Devemos considerar o sucesso "sertanejo" como um dado a mais na variedade musical da época. Os vários ritmos europeus e norte-americanos não deixaram os salões para dar lugar a cateretês e cocos. Pelo contrário: no carnaval de 1900 os grandes sucessos foram "*O galo preto*, polca de Artur Canongia; *As priminhas da Marocas*, polca-habanera de J. S. Avellor; *O senhor padre vigário*, polca-lundu de José Soares Barbosa; *Se eu pedir você me dá?*, polca-chula de Avellor" e figuravam no repertório da folia "valsas, quadrilhas, xotes (*schottische*), mazurcas e habaneras" (Alencar, 1980: 144). Essa diversidade internacional da música popular carnavalesca continuou a imperar por décadas até o samba se consolidar como o ritmo do carnaval "por excelência". Aliás, o repertório do carnaval até os anos 1940 foi ficando cada vez mais eclético, incluindo não só os ritmos "sertanejos" nacionais mas também as novidades do pop norte-americano, como o jazz e o charleston. Tanto que "em 1916 o maior sucesso do carnaval carioca foi o one-step *Caraboo*, do jamaicano Sam Marshall, disfarçado de marchinha brasileira" (Tinhorão, 1986: 86). O interesse pelo nacional andava de mãos dadas com o interesse pelos últimos modismos internacionais. E produtos musicais da mistura dos dois interesses não eram exatamente novidade no Brasil.

O lundu, por exemplo, era derivado dos ritmos dos batuques dos escravos africanos mas sua coreografia "imitava em grande parte a da dança espanhola denominada fandango" (Tinhorão, 1986: 51). Por volta de 1844, com a invasão da polca no Brasil (trazida por artistas de companhias de teatro francesas), surgiu a fusão polca-lundu. Os primeiros sinais do maxixe, também chamado de tango, podem ser encontrados na década de 1870 no repertório dos grupos de choro cariocas. O maxixe "representou a versão nacionalizada da polca importada da Europa" (Tinhorão, 1986: 58) e acabou, depois de conquistar a elite brasileira, sendo reexportado como "a dança do momento" para a Europa, fazendo grande sucesso sobretudo em Paris. A heterogeneidade cultural do mundo artístico dessa época tornou possíveis acontecimentos como este: em 1892, na peça *Tintim por tintim,* a atriz espanhola Pepa Ruiz aparece "vestida de baiana cantando um 'tango' intitulado *Munguzá*" (Tinhorão, 1986: 71). O tango era na verdade um maxixe, música que vai ter influência decisiva na invenção do samba.

Até bem recentemente os grupos musicais não se especializavam num ritmo único. As orquestras que tocavam ao vivo na Rádio Nacional até os anos 1950 executavam sambas ao lado de mambos ou boleros. Os grupos de choro do final do século XIX também tocavam valsas ao lado de maxixes. As bandas que animavam o carnaval carioca do início deste século tocavam marcha, fox, maxixe, toada sertaneja. Em 1912, o sucesso da toada *Cabocla di Caxangá* foi tão grande que motivou a formação, no carnaval de 1913, do Grupo do Caxangá. Seus integrantes desfilaram pelas ruas do Centro do Rio de Janeiro com fantasias inspiradas no bando do cangaceiro nordestino Antônio Silvino e tocando um repertório bastante eclético. Desse grupo faziam parte João Pernambuco, Donga e Pixinguinha, entre vários outros nomes já ilustres na época. O Grupo do Caxangá está na origem do sucesso de outro grupo de Donga e Pixinguinha, o Oito Batutas, que conquistou o Rio de Janeiro apresentando-se na sala de espera do Cine Palais, na Cinelândia, no final dos anos 1910. Essa história será contada com detalhes no capítulo dedicado ao nascimento do samba.

Catulo da Paixão Cearense era um artista muito bem-relacionado. Amigo de políticos, escritores, milionários, também mantinha contato com músicos menos famosos, os futuros inventores do samba (tanto que era frequentador da casa de

Tia Ciata, na Praça Onze, um dos berços da cultura sambista). Entre seus amigos, um dos mais queridos era o escritor Afonso Arinos, a quem fez o seguinte elogio: "Este imortal, que é deveras imortal pelas obras que escreveu sobre a vida e os costumes sertanejos, foi um de meus maiores amigos. Arinos foi um adorador de tudo quanto é brasileiro. A natureza o enfeitiçava. Parecia que o seu sangue era a seiva de nosso pau-brasil" (citado em Maul, s/d2: 44).

Donga também teve palavras carinhosas para se lembrar de Afonso Arinos, ao falar — em depoimento anotado por sua filha Lygia dos Santos — sobre a "república" onde morava, com Pixinguinha e Heitor dos Prazeres, na rua do Riachuelo, Centro do Rio de Janeiro, no início dos anos 1910:

> Embora sendo um antigo pardieiro (...) nos sentíamos bem-instalados e achamos boa a nova residência. No local, éramos visitados por gente como Catulo da Paixão Cearense, Olegário Mariano, Bastos Tigre, Hermes Fontes, Medeiros de Albuquerque, Edmundo Bittencourt, Emilio de Menezes, Gutemberg Cruz e o grande Dr. Afonso Arinos de Mello Franco, presidente na época da Academia Brasileira de Letras. Ele nos apreciava tanto que sempre nos convidava para audições em sua residência, na Praia de Botafogo, e na sua fazenda, no Tombadouro, onde Catulo compôs a canção sertaneja *O capim mais mimoso o veado comeu* (citado em Cabral, 1978: 27-8).

Essa interação com músicos populares (no caso de Pixinguinha e Donga, muito antes de eles se tornarem conhecidos como integrantes do Oito Batutas) é um aspecto pouco explorado da biografia de Afonso Arinos. Os textos escritos sobre sua vida, a biografia clássica de Tristão de Athayde (Athayde, 1922), a biografia de Afonso Oliveira Mello (Mello, 1961) e a introdução de seu sobrinho Afonso Arinos de Mello Franco às suas *Obras completas* (Franco, 1969), nem se referem a esses seus interesses. Mas as relações "musicais" de Afonso Arinos o colocam como uma espécie de precursor de uma atitude (esquizofrênica, dirão alguns) dos intelectuais modernistas brasileiros (incluindo aqui principalmente o "modernismo" de Gilberto Freyre), divididos entre o cosmopolitismo e o interesse pelas "coisas brasileiras". Essas duas vertentes não precisam ser necessariamente conciliadas. Um intelectual como Afonso Arinos pode ser pensado melhor, não como um conciliador ou criador de sínteses culturais, mas como um mediador no sentido de colocar em contato mundos culturais bem diversos ou, pelo menos, de transitar por vários mundos, deixando suas marcas em cada um deles, nem que fosse a marca de torná-los expostos ao que vem "de fora". Qual outra seria sua intenção ao encenar, durante a Primeira Guerra Mundial, um bumba meu boi no Teatro Municipal de São Paulo (Carvalho, 1972: 733) ou ao preparar, como surpresa para os elegantes convidados do baile de encerramento de uma série de conferências sobre "lendas e tradições brasileiras", realizado em seu palacete paulistano, uma apresentação de cateretê feita por "autênticos" caboclos paulistas (Sevcenko, 1992: 239)?

Afonso Arinos nasceu em Paracatu, Minas Gerais, em 1868. Era filho do senador Virgílio de Mello Franco. Com nove anos de idade, mudou-se para Vila Boa do Anhanguera, então capital de Goiás. De lá só saiu em 1881, para São João del Rey, depois para o Rio de Janeiro e depois para São Paulo, onde cursou a Faculdade de Direito na mesma turma de Paulo Prado, futuro autor de *Retrato do Brasil* e milionário que vai financiar muitas das atividades dos modernistas no Brasil, incluindo as viagens de Blaise Cendrars ao Rio de Janeiro, São Paulo e Minas Gerais. Os amigos de Afonso Arinos ficavam impressionados, segundo Tristão de Athayde, com suas "maneiras fidalgas". Seu sobrinho Afonso Arinos de Mello Franco diz que ele era "elegante e gastador", além de ser um notório monarquista contra a recém-proclamada República.

De volta a São João Del Rey, depois de formado, Afonso Arinos começou a escrever os contos que seriam reunidos no livro *Pelo sertão*, marco inicial do regionalismo literário brasileiro. Seus temas eram barqueiros, chapadões, buritis, descrevendo, numa tentativa de manter-se fiel à linguagem local, uma região do Brasil que também seria explorada na literatura de Guimarães Rosa.

Depois dessa época em São João Del Rey, sua vida se transformou numa viagem constante entre o Rio de Janeiro, Paris, São Paulo, Belo Horizonte e o cerrado das redondezas de Paracatu. Em Paris era amigo do conde d'Eu, da princesa Isabel, do príncipe D. Luís. No Rio, de Machado de Assis, Olavo Bilac, Coelho Neto, além de frequentar as rodas musicais de Catulo, Donga e Pixinguinha. Em Paracatu, passava noites acampado com vaqueiros.

Tristão de Athayde analisa a vida e a literatura de Afonso Arinos como produto de uma "tendência contraditória" ou sob a ação de uma "polaridade divergente" que é o conflito entre "cosmo" e "regio" (Athayde, 1922: 46). Esse seria um drama não só de Afonso Arinos, mas de toda a nacionalidade brasileira, "que é geralmente o de todas as nacionalidades recentes" (Athayde, 1922: 44-5). Tristão chega a recorrer à terminologia de Freud para falar dos reflexos desse grande drama nacional na vida de indivíduos como Afonso Arinos: é a luta de duas libidos: "a concupiscência do grande mundo e a concupiscência da pequena pátria" (Athayde, 1922: 49).

Daí a vida "assim itinerante": "Arinos viveu no estrangeiro, ou melhor, em viagem, porque sentia em sua fibra essa paixão do desconhecido" (Athayde, 1922: 30-1). Daí também uma atitude literária que "procurava fugir a um regionalismo estreito que leva às secessões, e aos preconceitos" (Athayde, 1922: 35). As mesmas preocupações de Gilberto Freyre, outro regionalista cosmopolita, como veremos mais adiante. O próprio Freyre reconheceu essas semelhanças em artigo publicado no *Diário de Pernambuco* em 5/10/1924:

> De modo que Arinos não foi na vida carta definitivamente extraviada ou espetada num "placard" de correios com um endereço que já não existisse: o nome de pessoa morta ou de cidade desaparecida. Arinos não foi isso: foi carta sempre a ir e vir. Sempre a voltar ao remetente para que este avivasse um endereço palidamente escrito a lápis. E o remetente era aquela "pequena pátria" que o prendia sem o satisfazer de todo.

E se pergunta:

> Mas não será carta ou telegrama com endereço errado toda a arte e pura vocação num Brasil como o de hoje (...)? (Freyre, 1979, vol II: 79).

Afonso Arinos tentou pensar todas essas contradições entre "regio" e "cosmo", estrangeiro e nativo, nobre e rústico, movimento da viagem e permanência da tradição, num pequeno livro, quase esquecido, lançado em 1900 e intitulado justamente *A unidade da pátria*. É com comentários sobre esse livro que vou abrir o próximo capítulo, iniciando uma discussão sobre o problema da unidade e da diversidade na sociedade brasileira, problema que tem sido abordado, desde os anos 1930, com a opção pela unidade.

3
A UNIDADE DA PÁTRIA

Embora classificado como escritor regionalista, Afonso Arinos (como mais tarde Gilberto Freyre) não pregava uma regionalização radical do (no) Brasil. Seu livro *A unidade da pátria* foi escrito para exorcizar esse fantasma. Lá está dito muito claramente: "o Brasil está de tal modo regionalizado que, para as províncias não ficarem absolutamente estranhas umas às outras, é preciso um grande esforço no sentido de fortificar-se a unidade moral da Pátria" (Arinos, 1969: 887). Seu interesse pelas "coisas brasileiras" e pela cultura do povo estava ligado a essa preocupação com a unidade. E entre as "coisas brasileiras" a música popular ocupava um lugar especial:

> Nesse grande esforço anônimo e por assim dizer subterrâneo, tal o dos lençóis d'água na formação dos ribeiros, forma-se a trama popular da nossa nacionalidade, com suas lendas e tradições comuns, voando de Sul a Norte e de Norte a Sul nas asas irisadas da canção popular (Arinos, 1969: 891).

Arinos, como todo itinerante, não valorizava o enraizamento e o fechamento de comunidades brasileiras em suas tradições regionais. Admirava a mistura dessas tradições que, em seu trabalho "anônimo" e "subterrâneo", vai inventando a unidade brasileira. Por isso elogiava o baiano que trabalha nos cafezais de São Paulo e toca caxambu, o cearense que povoa a Floresta Amazônica, o boiadeiro e o barqueiro que percorrem incessantemente o território brasileiro. É ao povo e não à elite que devemos o pouco que temos de unidade: "o povo ["injustamente apodado de indolente" e relativamente superior "em moralidade às classes elevadas"] faz o que pode e dele não se deve esperar mais" (Arinos, 1969: 891-2). Por isso sua pregação, esperada num monarquista que é contra a federação ("copiada dos EUA"), de uma aliança entre o povo e a elite: "Esse dever de aliança para a ação compete tanto mais à classe culta, quanto, até agora, quem ainda mantém a união brasileira não são os homens superiores, mas o povo" (Arinos, 1969: 889).

O problema da unidade da pátria não afligia apenas Afonso Arinos. Esse foi um dos mais graves problemas políticos das "terras brasileiras", desde seus tempos coloniais, e recebeu respostas e propostas de solução divergentes durante toda a nossa história, alternando momentos de centralização com outros de descentralização política, e apresentando mesmo combinações estranhas das duas tendências antagônicas. Podemos mesmo interpretar a transformação do samba em música nacional (e a de uma determinada cultura popular em cultura nacional) como uma dessas respostas no plano cultural.

Não cabe aqui detalhar a história das várias versões desse projeto de unidade e das reações de seus "descontentes". Mas é importante recapitular alguns de seus momentos principais para tentar entender o debate sobre o que vem a ser essa unidade e como ela serve de pano de fundo ideológico para a Revolução de 1930 e o período histórico de consolidação do samba como símbolo nacional. Assumo desde já as críticas de "uso e abuso da história". Vou sobrevoar vários séculos de uma problemática riquíssima para tudo terminar, como se espera, em samba.

José Murilo de Carvalho, em sua tese *Elite and State-building in Imperial Brazil*, cita uma descrição do viajante Saint-Hilaire sobre o Brasil colonial:

> Cada capitania tinha seu pequeno tesouro, elas se comunicavam dificilmente entre si, frequentemente mesmo

> elas ignoravam reciprocamente a existência uma das outras. Não havia no Brasil um centro comum: era um círculo imenso, no qual os raios iam convergir bem longe da circunferência (citado em Carvalho, 1975: 267-8).

Daí, do que Raimundo Faoro chama de "dilaceramento centrífugo das capitanias" — que formou depois da Independência uma "dispersa, desarticulada e fluida nação" (Faoro, 1973: 279) —, a dificuldade de muitos intérpretes do Brasil ao tentar entender as razões que tornaram possível nossa unidade territorial, política e, de certa maneira, cultural, quando o mesmo não aconteceu no caso da América Espanhola.

No período imediatamente anterior à proclamação da independência, a vinda da corte do futuro dom João VI para o Rio de Janeiro teve consequências nitidamente centralizadoras no disperso território colonial, talvez até contra as intenções da família real portuguesa. Com a revolução liberal do Porto, as Cortes de Lisboa, em luta contra dom João VI, retomaram a política descentralizadora e a busca da fragmentação do então Vice-Reino do Brasil, visando fortalecer as províncias contra o Rio de Janeiro. Parte da elite regional brasileira apoiou as medidas das Cortes (mesmo sem apoiar a tomada de poder por elas), tentando lutar contra a burocracia do monarca português instalado em terras cariocas.

A independência do Brasil, em 1822, não teve um projeto claro de unificação nacional. Mesmo as rebeliões anticoloniais (muitas delas com forte caráter regionalista) e o movimento político que desembocou na independência não nasceram de preocupações nacionalistas, como mostra Emília Viotti da Costa em seu livro *The Brazilian Empire*. Por exemplo: os articuladores da Conspiração de 1792 no Rio de Janeiro acalentavam a esperança de que os franceses revolucionários conquistassem sua cidade. José Murilo de Carvalho também lembra que "os movimentos de independência das províncias no final de século XVIII e início do século XIX todos tiveram tendências republicanas e não se preocupavam muito com a unidade" (Carvalho, 1975: 269). Um exemplo mais conclusivo é o das elites brasileiras que relutaram até o último momento em proclamar a independência: seu projeto visava manter algum vínculo com Portugal. Emília Viotti da Costa afirma que "as condições que levaram à integração nacional e inspiraram ideias nacionalistas na Europa estavam faltando no Brasil" (Costa, 1985, 9). Como consequência, "a manutenção da integração nacional do Brasil depois da independência, então, não pode ser atribuída a uma forte ideologia nacionalista; as elites brasileiras simplesmente reconheciam que a única maneira de assegurar a independência era evitar a secessão" (Costa, 1985: 9). Portanto, só depois de formalmente independente é que o Brasil começou a inventar um projeto unificador para si próprio.

O governo de D. Pedro I teve um forte caráter centralizador, mas sua abdicação ao trono, em 1831, já foi interpretada por Raimundo Faoro como "o malogro da centralização" (Faoro, 1973: 316). O período da Regência trouxe à tona correntes descentralizadoras, geralmente inspiradas nas experiências dos Estados Unidos. O regente Feijó, por exemplo, promulgou medidas que incentivavam a autonomia das províncias. Porém, mesmo com essas ligeiras novidades, "o símbolo da coroa, e não o da nação, [continuou a ser visto] como o mais apto a manter a unidade e evitar a desintegração territorial" (Lauerhass Jr., 1986: 20). Esse símbolo, mesmo incentivando o "cosmopolitismo" do Império, permaneceu a principal fonte de estabilidade política e de unidade para o Brasil no reinado de D. Pedro II.

Com a chegada da República, foi necessário que o símbolo da nação substituísse o da coroa para dar legitimidade aos novos governantes. A unidade só poderia ser alcançada quando fosse compreendida a "essência da brasilidade", transformada em correntes políticas nacionalistas. Ludwig Lauerhass Jr. identifica uma primeira geração nacionalista, em atuação de 1880 a 1914, formada por "um círculo de intelectuais relativamente pequeno" que não tinha contato direto com a atividade política. Dessa geração fazia parte Sílvio Romero (cujas principais ideias vão ser discutidas no próximo capítulo), com suas pregações contra a formação de colônias de imigrantes europeus no sul do país justamente pelo perigo que acarretariam à unidade nacional. Euclides da Cunha também falava de um país dividido, carente de unidade. E Alberto Torres considerava um dos nossos maiores problemas "a falta de unidade nacional", sublinhando a "invenção" de toda tradição ao dizer que o país "teria que criar artificialmente sua própria nacionalidade" (citado em Lauerhass Jr., 1986: 44). Entre as recomendações de Alberto Torres para sanar esse problema brasileiro estava a criação de um Poder Coordenador, que "designaria delegados para estados, municípios e distritos", aumentando o controle central; além, é claro, da mudança do nome do país de Estados Unidos para República Federativa.

Na prática política republicana, o embate entre tendências centralizadoras e descentralizadoras, e suas eventuais simbioses, criou situações ainda mais confusas. O federalismo, muitas vezes de inspiração norte-americana, foi usado em vários momentos como garantia de democracia contra intervenções centralizadoras de candidatos a ditadores. Foi essa argumentação, em defesa da democracia federativa, que Rui Barbosa utilizou para combater o "jacobinismo" de um Floriano Peixoto, por exemplo. No entanto a descentralização, que poderia ser democratizante, acabava servindo aos interesses do poder oligárquico, incentivador de qualquer manobra política que aumentasse seu controle regionalizado sobre o país.

Boris Fausto afirma que, "do ponto de vista econômico, a integração nacional era frágil no Império e permanece frágil na República" (Fausto, 1975: 232). As atividades dos setores agrários das várias regiões brasileiras estavam voltadas para o mercado externo e mostravam pouca coordenação nacional. Os vários estados tinham assegurado, pela Constituição de 1891, o direito de contrair empréstimos no exterior, sem mediação de nenhuma instituição financeira centralizada nacionalmente.

O predomínio da oligarquia cafeeira e dos estados de São Paulo e Minas Gerais impedia a formação de partidos representativos de correntes nacionais de opinião, que também não existiam. Além disso, e já introduzindo o debate sobre raça e modernização do país, o predomínio da economia do café não escondia suas preferências em matéria de mão de obra. Como diz Octávio Ianni em *A ideia de Brasil moderno*:

> Com a abolição do regime de trabalho escravo e a Proclamação da República, o poder estatal passa às mãos da oligarquia cafeeira, que já se achava apoiada no colonato de imigrantes europeus. Para essa oligarquia, o índio, o negro e mesmo o branco nacional eram colocados em segundo plano. Valorizava-se o imigrante (Ianni, 1992: 128).

A mudança desse estado de coisas, e o fim da hegemonia oligárquica, teve início com as "reivindicações de vários grupos desvinculados da economia cafeeira" (Fausto, 1975: 239), formados principalmente pelas "facções burguesas não vinculadas ao café, as classes médias e o setor militar tenentista" (Fausto, 1975: 246), que desembocaram na formação da Aliança Liberal, agrupamento responsável pela ascensão do gaúcho Getúlio Vargas à presidência da República em 1930. Essa heterogeneidade da Aliança Liberal, inclusive regional (com acordos entre lideranças de vários estados, como Rio Grande do Sul e Paraíba, que não participavam na economia cafeeira[1]), acabava necessitando de princípios organizadores nacionais para sustentar suas estratégias políticas. Nunca a "unidade", já que a Aliança Liberal não tinha "ideologia própria no plano nacional" (Lauerhass Jr., 1986: 95), foi tão necessária para o regime político brasileiro.

O federalismo voltou a ser utilizado como arma contra a "ameaça de ditadura" pelo Partido Democrata de São Paulo. E os herdeiros de 1930 sufocaram essas tendências regionalistas e oligárquicas até mesmo com a queima das bandeiras dos vários estados, em várias ocasiões. É nesse ambiente que surge *Casa-grande & senzala*, com sua valorização de "nossos" traços mestiços, e se consolida o samba como estilo musical nacional.

1 O que leva Lauerhass a afirmar que essa aliança se havia "formado principalmente em resposta a descontentamentos regionais, e não nacionalistas" (Lauerhass, 1986: 94).

Toda a movimentação política e cultural posterior à Revolução de 1930 parece indubitavelmente centralizadora, unificadora, nacionalizante e homogeneizadora (levando-se em consideração toda a complexidade de cada uma dessas tendências). Por isso, e por outros motivos que serão apresentados nos próximos capítulos, não é possível concordar totalmente com interpretações como a de Carlos Guilherme Motta de que:

> (...) obras como *Casa-grande & senzala*, produzida por um filho da República Velha, indicam os esforços de compreensão da realidade brasileira realizados por uma elite aristocratizante que já vinha perdendo poder. À perda de força social e política corresponde uma revisão, a busca do tempo perdido. Uma volta às raízes (Motta, 1980: 58).

O livro de Gilberto Freyre poderia ser visto, com maior pertinência, como um projeto em sintonia com esses novos tempos revolucionários de 1930, onde "cosmo" tinha maior importância que "regio". Além disso, o regionalismo de *Casa-grande & senzala* é tão nacionalizante quanto aquele expresso por Afonso Arinos. E não se trata de uma volta às raízes, mas da própria criação dessas raízes.

Outra interpretação interessante é a de Lúcia Lippi de Oliveira, para quem "o governo autoritário [pós-1930, mas principalmente o do Estado Novo] passa a assegurar de tal forma a centralização, que as manifestações regionais não ameaçam o todo" (Oliveira, 1990: 197). E acrescenta, na mesma página: "Não há, igualmente, a escolha de um dos modelos regionais para compor a brasilidade." Como vou tentar mostrar, junto a essa segurança do autoritarismo, um novo modelo da autenticidade nacional foi fabricado no Brasil pós-1930. Não foi escolhido um dos antigos modelos regionais para simbolizar a nação, mas desses modelos foram retirados vários elementos (um traje de baiana aqui, uma batida de samba ali) para compor um todo homogeneizador. Como também será discutido adiante, a cultura popular regional e urbana do Rio de Janeiro, por diversos motivos, predominou no novo "todo" (afinal, a feijoada "brasileira" é feita com feijão preto "carioca" e não com o feijão "mulatinho" nordestino). Mas, antes de entrarmos propriamente nesse debate, é imprescindível saber o que a unidade da pátria tem a ver com a antiga reflexão sobre a mestiçagem, fenômeno que tanta atenção mereceu dos inventores de nossa identidade nacional.

4
O MESTIÇO

No final do século XIX, o debate intelectual brasileiro já associava a questão da identidade (e da pouca unidade) nacional ao problema do "atraso" do Brasil, que era comparado à Europa, ponto de referência principal para o pensamento evolucionista dominante na época. A pergunta a ser respondida não escondia um certo derrotismo: por que somos atrasados? Para encontrar uma resposta, era preciso descobrir o que nos faz diferentes dos europeus ou, mais precisamente, o que nos faz "piores" que os europeus. Nossa identidade já estaria contaminada por uma misteriosa "doença", fosse ela climática ou racial, que nos colocaria em desvantagem diante do resto do mundo. A identidade devia ser descoberta para ser curada.

O mestiço acabou se transformando no bode expiatório do atraso brasileiro. Os intelectuais da virada do século XIX, pensando dessa maneira, só podiam olhar com desprezo para as manifestações culturais (como os ritmos negros pré-samba ou a feijoada) que décadas depois seriam transformadas em símbolos nacionais e motivo de orgulho e zelo preservacionista para o "povo brasileiro".

Foi Gilberto Freyre quem conseguiu executar a façanha teórica de dar caráter positivo ao mestiço. O brasileiro passou a ser definido como a combinação, mais ou menos harmoniosa, mais ou menos conflituosa, de traços africanos, indígenas e portugueses, de casa-grande e senzala, de sobrados e mucambos. A cultura brasileira, mestiçamente definida, não é mais causa do atraso do país, mas algo a ser cuidadosamente preservado, pois é a garantia de nossa especificidade (diante das outras nações) e do nosso futuro, que será cada vez mais mestiço.

Mesmo sem esquecer o que há de pioneiro no trabalho de Gilberto Freyre, não podemos deixar de lembrar que já existia no Brasil uma tradição intelectual dedicada ao estudo desses aspectos mestiços da "civilização brasileira", que colocava lado a lado as pesquisas sobre folclore e um interminável debate sobre os tipos raciais (feito em institutos geográficos, faculdades de direito, museus e escolas de medicina) do país.

Lilia Schwarcz afirma, em sua tese *"Homens de sciencia" e a raça dos homens*, que "em finais do século passado o Brasil era apontado [em debates intelectuais e na própria imagem do país no exterior] como um caso único e singular de extrema miscigenação racial" (Schwarcz, 1992: 7). Além disso, "o cruzamento de raças era entendido, com efeito, como uma questão central para a compreensão dos destinos dessa nação" (Schwarcz, 1992: 12). Essa constatação não era fruto da aplicação mecânica de teorias racistas europeias ao caso brasileiro. Um dos maiores méritos da tese de Lilia Schwarcz é mostrar, em detalhes, como "as elites locais não só consumiram esse tipo de literatura, como a adotaram de forma original" (Schwarcz, 1992: 17), através de um "trabalho de seleção de textos" e utilizando-se de um "acervo de autores ecleticamente aproveitados" pelo pensamento racial brasileiro, que "atualizou o que combinava e descartou o que de certa forma era problemático para a construção de um argumento racial no país" (Schwarcz, 1992: 42). A "originalidade da cópia" brasileira teve como consequência até mesmo uma relativização do termo raça, que

> (...) antes de aparecer como um conceito fechado, físico e natural, é entendido como um objeto de conhecimento, cujo significado estará sendo constantemente renegociado e experimentado nesse contexto histórico específico, que tanto investiu em modelos biológicos de análise (Schwarcz, 1992: 17).

Um exemplo de "adoção original" das ideias europeias por parte dos brasileiros é o trabalho de reinterpretação ao qual foi submetido o pensamento do conde de Gobineau em "solo tropical". Como mostra Tzvetan Todorov, Gobineau produz "uma filosofia da história profundamente pessimista" e a crença num "paradoxo trágico que pesa sobre o gênero humano". Sabemos que Gobineau condena a mestiçagem racial como agente degenerador dos tipos raciais, que deveriam permanecer puros para não se enfraquecer; mas seu pensamento não se resume a essa condenação. Daí o "paradoxo trágico": para se civilizar, uma tribo tem que se misturar com outras e aí (no caminho para a civilização) está a sua perdição. Nenhuma cultura fica a salvo: ou permanece pura e selvagem ou se mistura com outras (se enfraquecendo) para se civilizar. Os dois caminhos levam à morte. Gobineau diz: "mistura, mistura em todos os lugares, sempre mistura, eis a obra mais clara, mais garantida, mais durável das grandes sociedades e das civilizações poderosas" (citado em Todorov: 1993: 146). E Todorov resume as consequências desse pensamento paradoxal: "Quando uma sociedade é suficientemente forte, tende a submeter as outras; mas quando o faz, é ameaçada em sua identidade e não é mais forte." Isto é: "Toda prova de força é uma garantia de fraqueza, todo sucesso, um passo para o fracasso" (Todorov, 1993: 150).

Que dizer então de uma sociedade como a brasileira, que nem chegou a ser "forte" e já é tão "misturada"? Deveríamos abandonar qualquer pretensão à civilização? Muitos autores brasileiros não se deixaram abater pelas conclusões pessimistas de Gobineau e utilizaram do pensamento do "mestre decadentista" francês, do amigo de D. Pedro II, as partes que lhes interessavam. Alguns deles conseguiram mesmo transformar o pessimismo em "otimismo". Foi o caso de Graça Aranha, em seu romance-"polifônico"/tese *Canaã*, uma das obras literárias naturalistas que têm entre seus temas a problemática racial.

Graça Aranha, ex-acadêmico de direito no Recife, publicou *Canaã* em 1901 (um ano depois de *A unidade da pátria* de Afonso Arinos). Seu livro descreve as aventuras e os diálogos de dois imigrantes alemães, Milkau e Lentz, que resolvem recomeçar suas vidas cultivando terras no Espírito Santo.

Lentz representa o pessimismo que Graça Aranha acreditava ser o de Nietzsche. Milkau se parece mais com Gobineau, mas um Gobineau otimista, quase franciscano. O diálogo sobre a floresta tropical ("aqui o espírito é esmagado pela estupenda força da natureza") revela bem suas duas visões de mundo contrastantes. Lentz diz que a floresta atual é um exemplo da vitória do mais forte onde "a beleza de cada [vegetal] é o preço da morte de muitas coisas". Já Milkau vê na exuberância da floresta uma "constante e incessante permuta", em que "tudo concorre para tudo", em que cada árvore contribui para o todo com uma "porção de amor" (Aranha, s/d: 32).

As consequências "raciais" das ideias de Milkau são evidentes: "Um dos erros dos intérpretes da história está no preconceito aristocrático com que concebem a ideia de raça. Ninguém, porém, até hoje soube definir a raça e ainda menos como se distinguem umas das outras." Sua conclusão poderia, sem o tom festivo, ser assinada por Gobineau: "As raças civilizam-se pela fusão; é no encontro das raças adiantadas com as raças virgens, selvagens, que está o repouso conservador, o milagre do rejuvenescimento da civilização" (Aranha, s/d: 24).

As consequências mais brasileiras dessas ideias afastam Milkau de Gobineau mas o aproximam de Gilberto Freyre: o Brasil seria "um conjunto de raças e castas separadas" se não fosse "a forte e imperiosa sensualidade dos conquistadores" que se encarregou de formar "essa raça intermediária de mestiços e mulatos, que é o laço, a liga nacional" (Aranha, s/d: 129-30). No entanto a aproximação é ilusória, pois Milkau logo revela sua "teoria do branqueamento": "No futuro remoto, a época dos mulatos passará, para voltar a idade dos novos brancos, vindos da recente invasão." Segundo José Paulo Paes, *Canaã*, enfatizando seu "caráter eminentemente *pré*-modernista", reconhecia "a participação das 'raças virgens, selvagens' no processo civilizatório, ainda que lhes atribuísse, dentro dele, um papel dependente e passivo" (Paes, 1992: 93), coisa que não vai acontecer nem com Gilberto Freyre nem com Oswald de Andrade. Mesmo assim, José Paulo Paes admite que "o utopismo de *Canaã* não está muito distante do da Antropofagia, com sua estratégia de devoração cultural e o seu sonho de uma Revolução Caraíba" (Paes, 1992: 98).

Canaã estava mais próximo das ideias de Sílvio Romero, autor que, por sua vez, também reinterpretava à sua maneira algumas das ideias mais queridas de Gobineau. Romero participava ativamente dos debates sobre raça e desenvolvimento nacional tomando posições que, muitas vezes, por sua ambiguidade, pareciam distanciar-se das posições eugenistas[1] defendidas por outros escritores e cientistas brasileiros nas polêmicas intelectuais do país (para uma descrição detalhada dessas polêmicas, ver Leite, 1976; Ventura, 1991; entre outros).

Thales de Azevedo afirma que, durante o período que tem início em meados do século XIX e penetra na década de 1930 (com Oliveira Viana, Paulo Prado, entre outros), o mestiço fornecia "elementos para a explicação das fraquezas e dos defeitos de uma sociedade otimista mas um tanto descrente das qualidades de seu próprio povo" (Azevedo, 1962: 74). Sílvio Romero não acreditava mais nas qualidades do povo brasileiro que um intelectual eugenista; porém, como Milkau de Graça Aranha, previa para o Brasil um futuro "melhor" do que a degeneração: o branqueamento.

A reflexão de Sílvio Romero partia de um ponto simples: o povo brasileiro é um povo mestiçado: "pouco adianta por enquanto discutir se isto é um bem ou um mal; é um fato e basta" (Romero, 1972: 435). Essa não seria uma característica exclusiva dos brasileiros "porque o fenômeno se deu sempre desde a mais remota antiguidade, porque desde os primórdios os povos se misturaram". No entanto "é nas terras modernamente povoadas que o fato se deixa surpreender mais em flagrante" (Romero, 1972: 436). Por isso, países como o Brasil devem debruçar-se sobre o problema e propor-lhe soluções próprias.

Roberto Ventura assim resume as ideias de Romero, diferenciando-as das de Gobineau:

1 Para um resumo das ideias eugenistas, ver Schwarcz, 1992, principalmente p. 61-2.

> Sua teoria da mestiçagem e do branqueamento parte de uma combinação de pressupostos racistas (existência de diferenças étnicas inatas) e evolucionistas (lei da concorrência vital e do predomínio do mais apto). Previa que o elemento branco seria vitorioso na "luta entre as raças", devido à superioridade evolutiva, que garante seu predomínio no cruzamento. Prevê, assim, o total branqueamento da população brasileira em três ou quatro séculos (Ventura, 1991: 51).

Como crítico literário, Sílvio Romero alia essa teoria do branqueamento à visão da mestiçagem como um "fator de diferenciação nacional" (Ventura, 1991: 51), diferenciação que é elemento importantíssimo em seus ataques nacionalistas ao "mimetismo", isto é, a imitação das literaturas estrangeiras. Portanto, ao mesmo tempo em que condena o brasileiro como um ser inferior, Sílvio Romero pode afirmar que "todo brasileiro é um mestiço, quando não no sangue, nas ideias" (citado em Leite, 1976: 186). Essa mestiçagem seria nossa única garantia de criar uma arte não imitativa.

A teoria do branqueamento é compartilhada por outros intelectuais como Joaquim Nabuco, Afrânio Peixoto e João Batista de Lacerda[2]. Todavia, as razões pelas quais o mestiço ali é defendido nada têm a ver com o futuro entusiasmo de Gilberto Freyre. A cultura mestiça não é valorizada por si própria. Ao contrário, é olhada com desconfiança, e só aceita na falta de algo melhor. Como comentam Cavalcanti et al., mesmo o campo dos primeiros estudos de folclore realizados no Brasil (incluindo os de Sílvio Romero) era perpassado pela "ideia da pobreza das tradições populares" (Cavalcanti et al., 1992: 107). A mestiçagem era a única coisa que o Brasil tinha de original, embora essa originalidade não significasse necessariamente vigor ou riqueza.

Uma das contribuições mais marcantes do pensamento de Sílvio Romero para as gerações intelectuais posteriores foi sua

---

2 À memória de quem Gilberto Freyre dedica seu livro *Brasis, Brasil e Brasília*. Nessa dedicatória, J.B. de Lacerda é descrito como "o primeiro homem de ciência, não só do Brasil como da América, a sugerir (...) em 1911 (...) a possível contribuição que o Brasil traria para a solução dos problemas de relação entre raças e de civilizações diferentes" (Freyre, s/d).

crítica apaixonada aos escritores românticos brasileiros, incluindo aí sua militância anti-indianista. Escritores como José de Alencar, ao procurar, como os românticos europeus, as raízes nacionais, acabaram transformando o índio em símbolo de nossa pureza cultural.[3] Segundo Dante Moreira Leite, "o indianismo (...) cria uma Idade Média brasileira, o que era talvez uma forma de atender às exigências estéticas da época, mas também forma de dar conteúdo histórico ao nacionalismo" (Leite, 1976: 173). Apesar de, como mostra Alfredo Bosi, essa figura do "índio belo, forte e livre" de Alencar ter sido modelada "em regime de combinação com a franca apologia do colonizador" (como na submissão de Peri aos encantos da civilização branca — Bosi, 1992: 179), podemos ver no indianismo romântico um claro desejo de valorizar determinados aspectos de uma "exuberante" vida tropical, que apontariam para a superioridade da civilização tropical com relação à europeia, justamente por estar mais próxima do "natural". Mesmo Sílvio Romero reconheceu o valor de seu inimigo: "Mas esse velho e por mim tão maltratado indianismo teve um grandíssimo alcance: foi uma palavra de guerra para unir-nos e fazer-nos trabalhar por nós mesmos nas letras" (Romero, 1972: 463). Daí a proliferação de poemas que cantam os céus tropicais, que "têm mais estrelas", e reclamam da frieza das paisagens europeias, como nestes versos de Gonçalves de Magalhães: "regiões tão mortas/para mim sem encantos e atrativos".

O que era desvantagem, viver nos trópicos, começava a ser transformado em fonte de orgulho, o que se torna explícito em críticos pós-românticos como Araripe Júnior, defensor, já em 1888, de uma ideia de tropicalidade, contrapondo uma Europa decadente ao realismo "quente" brasileiro, valorizando "o meio tropical e a mistura étnica e cultural" (Ventura: 1991: 19). Temos aqui, entre os românticos e Araripe Júnior, as raízes de um pensamento que vai desembocar no luso-tropicalismo de Gilberto Freyre.

---

3 Mas mesmo José de Alencar procurou autenticidade e brasilidade em outras fontes. Em suas palavras: "É nas trovas populares que sente-se mais viva a ingênua alma de uma nação" (Alencar, 1972: 168).

Sílvio Romero modifica radicalmente o teor da busca pela autenticidade nacional, colocando o mestiço no lugar da "não imitação" ocupado pelo índio romântico. Dizendo que "o índio não é brasileiro" (Romero, 1972: 469), ele vai desqualificar as pretensões de um José de Alencar de fazer uma "poesia inteiramente brasileira" por estar "haurida na língua dos selvagens" (citado em Leite, 1976: 174). Fazer poesia em tupi não é fazer poesia brasileira e sim poesia tupi. O brasileiro nasce quando começa a mestiçagem: "A nacionalidade da poesia brasileira só pode ter uma solução: acostar-se ao gênio, ao verdadeiro espírito popular, como ele sair do complexo de nossas origens étnicas" (Romero, 1972: 470).

A mestiçagem brasileira nunca foi um fenômeno homogêneo. Os defensores do mestiço como símbolo nacional tiveram que escolher, entre as várias mestiçagens ocorridas no Brasil, aquelas que melhor se enquadravam em seus projetos de criação de uma identidade nacional. Euclides da Cunha, por exemplo, nunca escondeu sua preferência pelos sertanejos caboclos do interior contra os mulatos do litoral — o que é uma apologia do rural contra o urbano (o rural também era considerado mais autêntico pelos românticos e pós-românticos). Affonso Celso, em seu livro *Porque me ufano de meu país* (que virou uma espécie de cartilha escolar), de 1900, não cita o mulato entre os mestiços brasileiros (Leite, 1976: 198). Porém, durante as primeiras décadas do século XX, os mulatos e o urbano passam a ocupar, cada vez mais, o centro das atenções nos debates sobre as raízes da identidade brasileira. No campo da música, o samba vira símbolo nacional, ao passo que as canções "caipiras" paulistas e os ritmos nordestinos começam a ser vistos como fenômenos regionais.

Esse início de valorização da cultura mestiça, antes de *Casa-grande & senzala*, não deve ser procurado no grosso da produção "acadêmica" da época. Mesmo quando se criticam os pressupostos eugenistas, como no caso atípico de Manuel Bonfim, o mestiço continua a ser visto como indolente, indisciplinado e imprevidente "por defeito de educação" (Leite, 1976: 254). Mesmo os pioneiros dos estudos afro-brasileiros não escondiam seus preconceitos racistas. Nina Rodrigues dizia que "a raça negra no Brasil (...) há de constituir sempre um dos fatores de nossa inferioridade como povo" (citado em Leite, 1976: 218). Segundo Oliveira Vianna, o negro nunca poderia absorver a cultura ariana, poderia quando muito imitá-la (Leite, 1976: 230). E Arthur Ramos, apesar de ter afirmado que o negro não é uma raça inferior, dizia, citando a mentalidade pré-lógica de Lévy-Bruhl, que a cultura negra era atrasada (Leite, 1976: 238).

Sinais mais claros da valorização da mestiçagem e do popular urbano podiam ser encontrados no cotidiano desses mesmos intelectuais (que, por exemplo, já criavam laços de amizade com músicos populares desde o tempo do romantismo, como vimos no capítulo II) e em obras bastante especiais, como as dos já citados escritores Afonso Arinos, Graça Aranha, Lima Barreto e de pensadores como Alberto Torres, que o próprio Gilberto Freyre (num momento de modéstia no final dos anos 1950) reconhece ter sido seu precursor: "talvez o primeiro publicista brasileiro a inteirar-se das pesquisas sobre as relações de raças com ambientes físicos e sociais que vinham sendo realizadas por Franz Boas" (Freyre, 1974: clx). Freyre também cita os trabalhos pioneiros (contra a "falta de confiança no mestiço") de Roquette Pinto, "um ou outro" Cândido Rondon, J.B. de Lacerda, José Veríssimo, Inglês de Sousa, Afrânio Peixoto, Gilberto Amado e, "com intermitências lamentáveis", Sílvio Romero e Euclides da Cunha.

A tendência de valorizar a mestiçagem é uma opção pela "unidade da pátria" e pela homogeneização, como mostra o debate sobre a imigração no Brasil. Segundo Giralda Seyferth, nesse debate, que se iniciou "em meados do século passado" e "atingiu seu auge durante o Estado Novo" (Seyferth, 1991: 165), o principal problema era inventar uma forma eficiente de transformar os imigrantes em "brasileiros de fato". Daí a pregação da miscigenação contra o pluralismo defendido pelas lideranças nascentes entre os imigrantes que pretendiam manter a cultura (incluindo a língua) de seus países de origem: "ao pluralismo pretendido por grupos étnicos se opunha o ideal de homogeneidade nacional, a ser alcançado pela assimilação e miscigenação" (Seyferth, 1991: 175).

As críticas aos imigrantes, no final do século XIX, baseavam-se na teoria do branqueamento. Como vimos, Sílvio Romero condenava a colonização feita por alemães no sul do país pelo fato de esses imigrantes resistirem a se misturar com outros brasileiros, condição prévia a seu projeto de branqueamento total da população brasileira em "três ou quatro séculos". O Brasil precisava de brancos, mas de brancos que se misturassem com os brasileiros. Daí a frustração de Sílvio Romero ao ver "seu povo" rejeitado pelos alemães como parceiros sexuais ou culturais: era preciso que abrasileirássemos os alemães para que eles, branqueando-nos, nos civilizassem. Uma estratégia quase antropofágica.

Outros tipos de imigrantes também eram avaliados segundo esse projeto de miscigenação. Imigrantes indesejáveis, juntamente com alemães "segregacionistas", seriam as raças "atrasadas" e "inferiores". Os negros africanos nem sequer eram pensados como possíveis candidatos à imigração. Os chineses foram classificados como decadentes e arriscados: o risco era a miscigenação "inadequada" (ver Seyferth, 1991: 167). A imigração japonesa foi intensamente discutida, até na Constituinte de 1934: entre seus defensores, "o impulso de mostrar o japonês como miscigenável foi mais importante de que apresentá-lo como colono eficiente" (Seyferth, 1991: 173). O imigrante mais cobiçado era o europeu branco e latino, que não colocaria muitas dificuldades em se misturar com o resto da população brasileira.

Do lado dos imigrantes "pluralistas", a reação às tentativas de assimilação e nacionalização forçadas também não escondiam seu racismo e desprezo pelo Brasil (o que vai fazer Gilberto Freyre escrever uma conferência chamada *Uma cultura ameaçada: a luso-brasileira,* como veremos no próximo capítulo). Giralda Seyferth lembra artigos publicados no jornal *Der Urwaldsbote,* de Blumenau, no período que antecedeu a Primeira Guerra Mundial, que citavam Gobineau para condenar a mestiçagem, "chamando o caldeamento de raças no Brasil de 'caos étnico'" (Seyferth, 1991: 178).

Essas atitudes de separatismo étnico foram intensamente reprimidas, principalmente depois que o governo pós-Revolução de 1930 tornou semioficial a política de miscigenação, valorizando inclusive os símbolos nacionais mestiços como o samba (essa aproximação entre Estado e samba será descrita em outro capítulo). As medidas da repressão foram inclusive legais. Manuel Diégues Júnior fala do Art. 121, Parágrafo 6º, da Constituição de 1934, determinando que a "entrada de imigrantes no território nacional sofrerá as restrições necessárias à garantia de integração étnica", e que com essa finalidade criava uma quota de entrada de imigrantes que não podia exceder 2% do total de imigrantes de cada nacionalidade que entraram no país nos 50 anos anteriores (Diégues Jr., 1964: 335). A Consolidação das Leis do Trabalho também determinava que "nenhum estabelecimento poderia ter mais de um terço de empregados estrangeiros" (Diégues Jr., 1964: 336). Toda essa legislação mostrava uma preocupação cada vez maior do Estado brasileiro com sua "integração étnica", o nome oficial para a miscigenação.

Giralda Seyferth afirma que o "Estado Novo (...), mesmo mudando para uma retórica racial disfarçada de democracia racial, não havia abandonado a tese do branqueamento" (Seyferth, 1991: 171). No entanto, ao lado da teoria do branqueamento já havia uma outra teoria da mestiçagem, advogada principalmente por Gilberto Freyre, e que fez enorme sucesso nacional imediatamente depois da publicação de *Casa-grande & senzala* em 1933. Não tinha como consequência necessária o branqueamento da nação, mas chegava a valorizar, e muito, vários traços "negros" do mestiço nacional. Essa nova teoria era também homogeneizadora, e muitas vezes de modo radical, mas não havia em seus pressupostos teóricos a afirmação da superioridade da raça branca que predominaria na "mistura final". O Brasil seria sempre mestiço, e isso deveria ser até fonte de orgulho nacional. Veremos em seguida como esse orgulho foi "inventado" por Gilberto Freyre.

5
GILBERTO FREYRE

A publicação de *Casa-grande & senzala* foi recebida de imediato como um grande acontecimento no mundo intelectual dos anos 1930. Jorge Amado, o escritor que praticamente inventou o romance "mestiço" brasileiro, assim recorda o evento: "Foi uma explosão, um fato novo, alguma coisa como ainda não possuíamos e houve de imediato uma consciência de que crescêramos e estávamos mais capazes. Quem não viveu aquele tempo não pode realmente imaginar sua beleza" (Amado, 1962: 31). E acrescenta: "o livro de Gilberto deslumbrava o país, falava-se dele como nunca se falara antes de outros livros" (Amado, 1962: 35). Monteiro Lobato consegue ser ainda mais bombástico: "qual o cometa de Halley, irrompeu nos céus de nossa literatura o *Casa-grande & senzala*" (Lobato, 1951: 106). Antônio Cândido, no artigo que escreveu sobre *Raízes do Brasil*, de Sérgio Buarque de Holanda, fala do "impacto libertador" de *Casa-grande & senzala* (Cândido, 1982: xxxix/xl). Os escritores Gilberto Amado e Antônio Risério referem-se ao trabalho de Gilberto Freyre usando metáforas psicanalíticas como, respectivamente, "distabuzação" e "desrecalque". Essas não são opiniões solitárias: a maioria dos comentadores da importância de *Casa-grande & senzala* ressalta seu caráter de ruptura com o tipo de reflexão sobre a cultura brasileira que vinha sendo feita até então.

Essa ruptura pode ser pensada, entre outros aspectos, como uma inversão valorativa do papel que o mestiço e a mestiçagem ocupam na cultura brasileira. De degenerativa e causa dos grandes males nacionais, a mestiçagem passa a ser interpretada como um processo cultural positivo, em torno do qual (e de seus produtos, como o samba, a culinária afro-brasileira, as técnicas de higiene luso-tropicalistas etc.) os brasileiros poderiam inventar uma nova identidade. Thales de Azevedo, autor de *Civilização e mestiçagem,* publicado em 1951, comenta: "Cabe, porém, a Gilberto Freyre um papel singular: o de desencadear uma autêntica revolução no método da História Social e da Antropologia Cultural nacionais." Essa revolução pode ser percebida sobretudo na "perspectiva inteiramente original em face da mestiçagem", que passa a ser "apreciada como um fenômeno de outra ordem, diríamos mais nobre, de natureza social e sentido positivo" (Azevedo, 1962: 76/77). Adotando um tom mais distanciado, Roberto da Matta, antropólogo que recentemente também se dedicou ao problema da identidade nacional brasileira, reconhece que "foi a obra de Gilberto Freyre a que primeiro articulou com êxito essa história brasileira que todo brasileiro gosta (por motivos claros e escusos) de contar para ele mesmo: que somos uma cultura 'mestiça' e misturada" ("A hora e a vez de Gilberto Freyre", *Folha de S. Paulo,* Folhetim, 24/07/87, p.B-4/B-5).

Era como se todos os brasileiros estivessem esperando a "revolução" desencadeada por Gilberto Freyre (ou a história por ele articulada que "todos" os brasileiros imediatamente adotaram como espelho). O sucesso "instantâneo" e a adoção "espontânea" de uma ideia "revolucionária" não acontecem todos os dias. Talvez porque nada, na "ecologia" das ideias, seja tão instantâneo ou espontâneo assim. Parecia existir uma expectativa generalizada em vários setores do mundo intelectual, que o relacionamento entre intelectuais e músicos populares apontado no capítulo II já deixou entrever, de que uma explicação/distabuzação como aquela desenvolvida em *Casa-grande & senzala* surgisse a qualquer momento. Por isso o "deslumbramento" descrito por Jorge Amado e o "êxito" mencionado por Roberto da Matta.

Essa expectativa tinha semelhanças com o clima criado pelo movimento higienista francês antes da publicação dos trabalhos de Pasteur (que foram saudados como obras de gênio antes mesmo que seus resultados fossem testados por outros cientistas — ver a interpretação da vitória de Pasteur no livro *The Pasteurization of France*, de Bruno Latour — Latour, 1988). Existia um vazio esperando ser preenchido: e os micróbios acabaram ocupando-o. Não exatamente por ser a ideia verdadeira. Como diz Bruno Latour: "Uma ideia, mesmo uma ideia de gênio, mesmo uma ideia que é para salvar milhões de pessoas, nunca se move por si própria. Ela requer uma força para impulsioná-la, usá-la para seus próprios motivos, movê-la, e frequentemente transformá-la" (Latour, 1988: 16).

Não é todo mundo que concorda com a afirmação latouriana. É muito comum escutarmos narrativas de "grandes descobertas" e "revoluções metodológicas" em que as ideias parecem surgir do nada e se movimentar no nada, como se fossem pura ruptura, fruto de mentes fantásticas que funcionam em isolamento quase absoluto. É preciso analisar as forças que movem as ideias e as outras forças que "escondem" as forças que movem as ideias. Não é objetivo deste livro fazer tal análise com relação à obra de Gilberto Freyre. Mas alguns comentários são relevantes para a discussão posterior sobre a transformação do samba em música nacional.

O próprio Gilberto Freyre foi um dos principais incentivadores do "deslumbramento" com que suas ideias foram recebidas e de uma interpretação de seu "êxito" como uma espécie de iluminação religiosa e absolutamente pessoal. Já foi bastante citado o trecho do Prefácio à 1ª edição de *Casa-grande & senzala* em que Freyre afirma que, "dos problemas brasileiros, nenhum que me inquietasse tanto como o da miscigenação",[1] para em seguida descrever uma cena que presenciou nos Estados Unidos quando fazia seus estudos de pós-graduação na Columbia University:

> Vi uma vez, depois de mais de três anos maciços de ausência do Brasil, um bando de marinheiros nacionais — mulatos e cafuzos — descendo não me lembro se do *São Paulo* ou do *Minas* pela neve mole do Brooklyn.

1 Termo que, segundo seu biógrafo, parente e "espécie de secretário" Diogo de Melo Menezes, Gilberto Freyre "talvez tenha sido o primeiro a empregar no Brasil" (Menezes, 1944: 167).

> Deram-me a impressão de caricaturas de homens. E veio-me à lembrança a frase de um livro de viajante americano que acabara de ler sobre o Brasil: 'the fearful mongrel aspect of most of the population' (Freyre, 1981: lvii).

Como o horror e o desprezo foram transformados em admiração e elogio? A explicação parece mágica: "Foi o estudo da Antropologia sob a orientação do Professor Boas que me revelou o negro e o mulato no seu justo valor." E ainda: com a antropologia e Boas, "aprendi a diferença entre *raça* e *cultura*" (Freyre, 1981: lvii). Então, o jovem intelectual do Recife aprendeu fora do seu país a valorizar a mestiçagem, que passa a ser considerada fonte da verdadeira cultura brasileira. Ricardo Benzaquem de Araújo comenta essa passagem:

> Gilberto, como se pode perceber, arma o cenário de uma verdadeira história de conversão: temos uma primeira posição absolutamente pecaminosa, um neófito, um mestre, a possibilidade de transformação pelo estudo e finalmente a aquisição de uma nova e superior forma de verdade (Araújo: 1993: 12).

Nessa narrativa de "revelação" e "conversão", a produção intelectual brasileira tem importância bastante secundária. Era como se, para o meio intelectual do país que procurava explicar, as ideias de *Casa-grande & senzala* e a valorização da cultura mestiça tivessem surgido *out of the blue*.

No seu diário, em trecho escrito em Nova York em 1921, Gilberto Freyre dá uma outra versão para a sua visão do Brooklyn:

> Vi um desses dias marinheiros de guerra do Brasil caminhando pela neve do Brooklyn. Pareceram-me pequenotes, franzinos, sem o vigor físico dos autênticos marinheiros. Mal de mestiçagem? Entretanto, no artigo que, a meu pedido, escreveu para *El Estudiante* — a revista para estudantes da América Latina que dirijo juntamente com Oscar Gacitua, chileno — o sábio John Casper Branner faz o elogio do mestiço brasileiro, mesmo quando de aspecto assim pouco ou nada atlético. (Freyre, 1975: 68)[2]

2 E numa carta para Oliveira Lima, de 17 de janeiro de 1921 — portanto um semestre depois de sua chegada a Nova York —, seu comentário é

Apesar de já admirar as ideias de Boas, como demonstram trechos anteriores desse mesmo diário (páginas 43, 44, 62), a antropologia não é aqui mencionada como antídoto contra o mal-estar provocado pela visão da mestiçagem. Quem aparece em socorro de Gilberto Freyre, então um jovem de 21 anos, é John Casper Branner, geólogo que viajou várias vezes ao Brasil e publicou trabalhos como *Geografia do Nordeste da Bahia*, *A pororoca do Amazonas* e *Geologia do Brasil*. O "elogio do mestiço brasileiro" é sempre legitimado por uma autoridade "sábia" estrangeira. E Gilberto Freyre trocava de autoridade para atingir seus objetivos de reforçar determinadas ideias no campo intelectual brasileiro. No caso do Prefácio à 1ª edição de *Casa-grande & senzala* parecia estar claro um grande desejo de se identificar como antropólogo, nomeando Boas como o responsável por seu "elogio do mestiço". Na realidade, muitos outros fatores e "forças" (para continuar citando Bruno Latour) contribuíram para essa famosa "revelação antropológica".

Gilberto Freyre não passou a se interessar pela cultura popular mestiça brasileira depois dessa viagem para os Estados Unidos e do encontro com a antropologia. Parece mesmo que só estava buscando, com seus estudos, uma justificativa academicamente aceitável para o respeito que sentia, respeito compartilhado por vários outros intelectuais brasileiros de sua geração, pela cultura popular de seu país e de sua região. Além disso, procurava argumentos fortes para atacar a "falta de confiança no mestiço" que dominava, pelo menos formalmente, o pensamento brasileiro desde o final do século XIX.

O interesse de Gilberto Freyre por diversas manifestações da "vigorosa" cultura popular e tropicalista brasileira vem, pelo

---

mais seco: "Hoje estive em Brooklyn e dei um salto ao 'Minas' que ainda está lá em reparos nos estaleiros. Aqui ancorou em agosto" (Freyre, 1978: 172).

menos, do início de sua adolescência. Aos 15 anos ele relata em seu diário o espanto ao notar que se emociona com formas pouco eruditas da musicalidade nordestina:

> (...) desconfio de que sou um tanto sentimental. Senão, como se explica que eu tenha chorado como nos meus dias de menino ao ouvir uma dessas noites, sozinho, no silêncio da noite, o canto popular, em português errado, mas estranhamente saudoso e triste da lapinha a caminho da queima: "A nossa lapinha já vai se queimar, até para o ano se nós vivos for"? (Freyre, 1975: 4).

Esse espanto e essa desconfiança de que existe algo errado em apreciar tais manifestações populares logo vão ser superados. Freyre se transformará num dos mais intransigentes defensores do que identifica como a autenticidade brasileira (no movimento mesmo que cria esse modelo de autenticidade) contra os inimigos da cultura mestiça e amantes da erudição europeia. Defendendo-se de artigos publicados em jornais pernambucanos logo depois de sua volta ao Brasil, em 1923, e que o acusavam de "exótico" e "estrangeirado", escreveu em seu diário:

> A verdade é que eu é que me sinto identificado com o que o Brasil tem de mais brasileiro. Estes supostos defensores do Brasil contra um nacional, que dizem degenerado ou deformado pelo muito contacto com universidades estrangeiras, me parecem excrescência. O próprio Rui Barbosa (...) me parece ter errado, e muito, pela sua enorme falta de identificação[3] com o Brasil básico, essencial, popular, sem que se dê a este adjetivo — "popular" — o sentido demagógico (Freyre, 1975: 128).

O crescente respeito e a militante valorização do popular nunca vão significar, em Gilberto Freyre, uma condenação do cosmopolitismo e do modernismo. Pelo contrário: em seus escritos aparece, ao lado do elogio do "Brasil básico" (o que

---

3 Se Gilberto Freyre tivesse ouvido o elogio de Rui Barbosa aos Turunas Pernambucanos, citado mais adiante, ou se lhe tivesse visto as lágrimas ao escutar Catulo da Paixão Cearense, talvez não fosse tão duro em sua crítica.

estava sendo definido em seus trabalhos), uma profunda admiração por escritores como James Joyce, Ezra Pound e Marcel Proust. Todavia, quando o modernismo chega ao Brasil, Freyre radicaliza sua posição, querendo "abrasileirá-lo" a qualquer custo, valorizando os artistas que procuravam alguma identidade com o popular e a "situação brasileira". Este trecho de seu diário, escrito em 1924, é um exemplo desse tipo de cobrança:

> Mário de Andrade (...) não dá as costas ao Brasil. É bem diferente do Graça Aranha do "todo universal". Mas não deixa de ser o Mário de Andrade, postiço, em grande parte de sua modernice mais copiada de modernismos europeus que inspirada em sugestões da situação brasileira. Justiça lhe seja feita, porém: está agora procurando inteirar-se da situação brasileira além de São Paulo — até da Amazônia. E mais catártico que Mário talvez seja Oswald de Andrade (Freyre, 1975: 135).

O tom da crítica parece o de um nacionalista contrário à eclosão da bossa nova ou do rock brasileiro. Só pode existir a acusação de "postiço" quando já está definido o que é ser brasileiro. Gilberto Freyre, em 1924, parece já ter encontrado a sua definição.

Essa definição não é rígida nem uniforme. Em determinados momentos ela parece ser pura provocação política. Em outros, o brasileiro é mais bem-identificado com o regional, destruindo sua aparente homogeneidade. No texto "Complexidade da antropologia e complexidade do Brasil como problema antropológico", publicado em 1962, Gilberto Freyre deixa clara uma ideia que já estava esboçada no *Manifesto regionalista* que escreveu em 1926:

> No Brasil sabe-se, por observação, que ao nome político "Brasil" e ao nome "brasileiro" não correspondem perfeita unidade somática nem vigorosa unidade psicológica (do ponto de vista da chamada psicologia de raça); nem mesmo unidade de cultura absoluta (Freyre, 1962a: 34).

As tentativas de unificar a cultura brasileira podem sacrificar as "espontaneidades regionais que em vez de fazerem dano a essa cultura comum, enriquecem-na" (Freyre, 1962a: 39). Em outro artigo sobre as ideias aparentemente opostas de Brasil como continente e Brasil como conjunto de ilhas, Gilberto Freyre prega a sua complementaridade: "o sentido de continente a nos defender dos excessos do de ilha; o de ilha a nos defender dos excessos do de continente" (Freyre, 1962b: 150). E complexificando mais ainda (e mostrando talvez sua inclinação pela ilha), acrescenta:

> o sentido de continente é que seria para nós um limite, embora limite saudável e útil; enquanto, um tanto paradoxalmente, o sentido de ilha seria o universalismo como uma aventura quase sem limites (Freyre, 1962b: 151).

O universalismo do regional é bem-frisado no Prefácio à 4ª edição, escrito em 1967, do *Manifesto regionalista*, diferenciando sua "atuação no sentido de unir-se o regional ao universal, o tradicional ao moderno" (Freyre, 1967: xvii) de um movimento "regionalista-caipirista" (Freyre, 1967: xx). O regionalismo incentivado nesse manifesto de 1926 fazia "a defesa de uma pintura, de uma escultura e de uma arquitetura que fossem de vanguarda nas formas, embora, substancialmente, regionais" (Freyre, 1967: xvi). Na realidade, o manifesto parece mais uma defesa das delícias da culinária pernambucana e uma coleção de ataques irônicos às "estrangeirices", ao que "o Rio e São Paulo consagram como 'elegante' e como 'moderno'", ou às "bebidas engarrafadas" (em prol da água de coco verde).

O *Manifesto regionalista* também lança, em tom polêmico, algumas das ideias básicas do pensamento de Gilberto Freyre. Cozinheiras, cantadores, babalorixás, curandeiros, matutos, morenas e jangadeiros são considerados os novos mestres: "Quem se chega ao povo está entre mestres e se torna aprendiz." Ou ainda: "quem se aproxima do povo desce a raízes e a fontes de vida" (Freyre, 1967: 66). A força de intelectuais como (e aqui Gilberto Freyre, diferentemente do que faz no prefácio de *Casa-grande & senzala*, está construindo sua genealogia no pensamento brasileiro) Joaquim Nabuco, Sílvio Romero, José de Alencar e Augusto dos Anjos se originou no "contato com a gente do povo". As semelhanças com a ideia de cultura popular no romantismo alemão (cujas ideias nacionalistas serão analisadas no Anexo 1) terminam nos parágrafos seguintes a essas afirmações da mestria do povo. No Brasil de Gilberto Freyre seria impossível "romantizar" em torno de uma raiz pura da cultura popular. "Pois o Brasil é isto: combinação, fusão, mistura" (Freyre, 1967: 67).

Essa ideia de um Brasil mistura (que se confunde com o Brasil básico) serve de contraponto ao antiestrangeirismo radical de outras passagens do manifesto. O radicalismo atua mais como uma pose, uma estratégia política para ridicularizar os adversários. Gilberto Freyre sabia que nesse tipo de debates não se pode exigir uma coerência eterna em matéria de lógica argumentativa. E nisso apenas dava continuidade ao antipositivismo de quem declarou para seu diário, aos 21 anos, que "das filosofias cujos diferentes sabores venho experimentando, as que me atraem mais são a de Santo Agostinho contra a de São Tomás, a de Pascal contra a de Descartes, a de Nietzsche contra a do próprio Kant. E agora James e Bergson contra Comte e Mill" (Freyre, 1975: 47). José Lins do Rego, falando da formação intelectual de seu amigo, já dizia que "do seu contato com as ideias de Maurras, e principalmente de Georges Sorel, resultaria o avigoramento de suas ideias contra a centralização" (citado em Menezes, 1944: 84). E Régis de Beaulieu, nobre companheiro de Gilberto Freyre em suas primeiras andanças parisienses, também teria dito: "Freyre é a criatura mais deliberadamente hostil aos sistemas de ideias" (citado em Menezes, 1944: 84). As tentativas de cobrar coerência lógica a Freyre são rechaçadas até em matéria de gosto culinário:

> A propósito dos quitutes de Zé Pedro, [Manuel] Bandeira tem me criticado por preferir a muitos deles bifes à inglesa, carneiro assado à inglesa, salmão, *paté*, caviar, comidas em lata. "Que espécie de regionalista é este?", pergunta Bandeira, muito ancho de sua lógica. A verdade é que não pretendo ser lógico nem no meu "regionalismo" nem em nenhuma das minhas atitudes. Logo que regressei ao Brasil, os quitutes da terra me voltaram a empolgar o paladar de modo absoluto. Agora, não: tenho minhas saudades, e grandes, de comidas anglo-saxônias e francesas. Volto a elas uma vez por outra: sempre que é possível fazê-lo através de guloseimas enlatadas e de

> conservas. O paladar é como o coração de que falava Pascal: tem suas razões que a razão desconhece (Freyre, 1975: 221).

Temos aqui um retrato pitoresco do intelectual brasileiro dividido entre as delícias de uma defesa politicamente correta (mas também emocionalmente sincera) do popular brasileiro/tropical e as outras delícias do cosmopolitismo "ocidental". Reaparecem as duas libidos de Afonso Arinos, a carta sempre de volta ao endereço do remetente. Como conciliar as duas libidos, os dois paladares? Será preciso conciliá-los? Não, se a preferência, tantas vezes efêmera, por um dos "paladares" não significar o desprezo ou a condenação do outro. Como, para Gilberto Freyre, o paladar mestiço e tropical é o mais "fraco" no panorama intelectual, sua defesa é prioritária. O caviar já teria advogados em demasia.

O cosmopolitismo e o amor pela cultura popular de Gilberto Freyre tinham limites bem claros, que denunciavam seus fundamentos aristocratizantes. Esses limites perduraram ao longo de quase toda a sua vida. É interessante constatar que, em 1978, ao escrever uma introdução para o livro *Tempo de aprendiz* (que reúne seus artigos publicados em jornais de 1918 a 1924), Freyre tenha lamentado o "aristocracismo ou elitismo" desses primeiros escritos públicos, mas se tenha mostrado orgulhoso pela "extrema simpatia pelas artes e coisas populares" aí contidas. É estranho que não tenha notado, em sua releitura desses artigos, uma extrema antipatia por "coisas populares" como o jazz e o cinema de Tom Mix. Parece que, na definição de Gilberto Freyre (mas não só dele — inúmeros folcloristas e defensores da cultura popular também pensaram e pensam assim), o popular não inclui, nem deve incluir, manifestações da cultura popular "industrializada", principalmente aquela produzida desde o início do século nos Estados Unidos.

É estranho que Gilberto Freyre não tenha mostrado, em 1921, para com o jazz de Nova York, uma música que estava sendo criada e popularizada durante sua temporada norte-americana (como será comentado no Anexo 2), o mesmo interesse que sentiu diante do samba carioca, cinco anos mais tarde (em seu encontro do Catete). Seus artigos que mencionam o jazz são tão preconceituosos quanto os escritos de um Theodor Adorno sobre o mesmo assunto e sobre a "indústria cultural" em geral (ver, por exemplo, Adorno & Horkheimer, 1978).

Em 13 de janeiro de 1921 os leitores do *Diário de Pernambuco* foram informados que "as danças americanas do dia (...) são bárbaras. Tão bárbaras como as músicas — este 'jazz' e este 'rag time' horrorosos" (Freyre, 1979, vol. I: 155). Em 13 de maio de 1923, novo ataque: "a jazz music que acompanha as danças modernas; esta deve embrutecer". Gilberto Freyre continua seu artigo comunicando os resultados de uma experiência realizada no zoológico de Nova York, onde se tocou jazz para os animais: "os macacos não se limitaram, à maneira das cegonhas, à filosófica indiferença ou apatia; neles o jazz excitou fúrias homicidas, iconoclásticas e creio até, mas não estou certo, suicidas" (Freyre, 1979, vol. I: 257).

São palavras espantosas para um aluno de antropologia que já desfrutara, por mais de dois anos, da convivência de Franz Boas, e que deve ter sido colega de Zora Neale Hurston, escritora que pouco tempo mais tarde iria fazer parte da Harlem Renaissance (ver o Anexo 2) ao lado de Langston Hughes, autor de poemas como *Jazzonia*. Gilberto Freyre não cita nem uma vez, nesses artigos, a origem negra do jazz. Será que o fato lhe era desconhecido? Os artigos parecem irônicos, frutos de uma ironia construída para parecer superioridade, como se seu jovem autor quisesse provar para seu público que tinha bom gosto e que devia ser respeitado como intelectual apesar da pouca idade: música boa era Richard Strauss.

Freyre se mostrava também preocupado com a influência do jazz no Brasil: "os detritos que nos vêm dos Estados Unidos e da Europa — Zás, engolimo-los! Ante as coisas dignas de assimilar, conservamo-nos de gelo, como miseráveis cães sem faro"[4] (Freyre, 1979, vol I: 156). Sua sugestão para combater o mal: o ensino de "danças estéticas" na escola. Mas tudo com um tom nacionalista: "Poderíamos adaptar, dos nossos índios e dos nossos negros mais primitivos, certas danças que, talvez, passassem ao mundo como vitórias brasileiras" (Freyre, 1979, vol. I: 156).

Não se trata de desvario de juventude. Em *Sobrados e mucambos*, publicado em 1936, Gilberto Freyre repetia quase essa mesma ideia ao afirmar, com um tom de aprovação, que os passos do samba estariam hoje "se arredondando na dança antes baiana que africana, dançada pela artista Carmem Miranda sob os aplausos de requintadas plateias internacionais" (Freyre, 1968: 522). Os artistas podem "sublimar" (Gilberto Freyre usa essa palavra) as brutas "energias" dos negros e pardos. O Brasil só teria a lucrar com a união entre a estética e o popular.

Talvez o entusiasmo de Gilberto Freyre ao ouvir o grupo de Pixinguinha e Donga advenha do fato de que o próprio povo já estaria "arredondando" seus ritmos, preparando o caminho para uma "vitória" musical brasileira. Aquela música já não seria mais puramente negra, puramente "primitiva". Mas o jazz também era essa ponte cultural entre raças diferentes. Talvez não tivesse se entusiasmado pelo samba se o conhecesse num momento de explosão comercial, como foi o caso do jazz no início dos anos 1920. Não devo, neste livro, entrar nesse tipo de especulação. Queria apenas mostrar que a simpatia de Gilberto Freyre pela cultura popular urbana brasileira não se estendia a todas as culturas populares urbanas do mundo. O jazz, por exemplo, esteve fora dos limites de seu cosmopolitismo.

4 Em outro artigo Gilberto Freyre também lamenta o fato: "qualquer Tom Mix é hoje, no Brasil, o herói de muito maior número que José Bonifácio ou o Almirante Barroso ou o Padre Feijó" (Freyre, 1979, vol I: 300).

É preciso tomar enorme cuidado quando afirmamos que Gilberto Freyre pregava uma união entre brancos e pretos, entre "cosmo" e "regio", entre elite e povo. Aqui nada é tão simples quanto o "dai-vos as mãos uns aos outros" (Arinos, 1969: 895) de Afonso Arinos. Diogo de Melo Menezes identifica no pensamento freyreano "uma convivência de diversidades e até contradições" e "uma paixão pela complexidade contra o simplismo: uma complexidade que ele não sacrifica à coerência lógica" (Menezes, 1944: 237). Essa descrição também serve para o seu ideal de sociedade, para aquilo que elogia no luso-tropicalismo, atribuindo-lhe superioridade diante de outras formas de civilização. Ricardo Benzaquem de Araújo mostra em detalhes como Gilberto Freyre propõe "uma compreensão da mestiçagem como um processo no qual as propriedades singulares de cada um desses povos *não* se dissolveriam para dar lugar a uma nova figura" (Araújo, 1993: 38). A miscigenação seria muito mais um precário equilíbrio de antagonismos, em que as diferenças podem conviver entre si pacífica e intensamente.

O mestiço, entendido da maneira exposta acima, seria a melhor resposta a um mundo de intensa diversificação como é, para Gilberto Freyre, o mundo tropical. Os trópicos são a região da variedade, daquilo que chamava de "multiplicidade das formas". A mestiçagem parece "combinar" com essa natureza tropical por sua maior possibilidade de se adequar ao (e, talvez mais importante, de aceitar o) diverso/variado. O incentivo à miscigenação foi um dos maiores acertos da colonização portuguesa. Seu maior erro talvez tenha sido, sempre para Gilberto Freyre, a monocultura, acusada de "perverter a natureza tropical". O certo seria incentivar a "variedade na produção agrícola". Portanto, a monocultura (e a metáfora da monocultura) passa a ocupar o lugar da miscigenação como a causa de todos o males nacionais,[5] justamente por tentar

---

5 Segundo Gilberto Freyre, Getúlio Vargas também foi influenciado por essas suas ideias: "Mais de uma vez [Getúlio Vargas] me disse muito dever às páginas que eu escrevera sobre a monocultura latifundiária no Brasil e à crítica que eu desenvolvera ao usineirismo parasitário entre nós; páginas e crítica cujo conhecimento considerava indispensável aos homens públicos brasileiros" (Freyre, 1979a: 191).

impor o único sobre o inevitavelmente (naturalmente) diverso. "Felizmente" a natureza e a cultura se revoltam criando "ilhas" de variedade na monocultura.

O mestiço estaria muito mais adaptado à exuberância do mundo tropical, podendo lidar criativamente com aquilo que não é homogêneo. Essa tendência à "morenidade" não foi exatamente inventada nos trópicos. Suas raízes seriam ibéricas: o estímulo à diferenciação, ao "se sentir em casa" no heterogêneo, seria consequência direta da "complexidade étnica e cultural portuguesa". Mas mesmo assim a aptidão brasileira a se relacionar com o indefinido e o diverso é considerada por Gilberto Freyre nossa grande originalidade como experiência civilizatória, aquilo que nos marca como diferentes, justamente por estarmos mais abertos à diferença e podermos incluir o indefinido em nossa definição de identidade.

Segundo Gilberto Freyre, a possibilidade de as diferenças deixarem de interagir, mantendo-se absolutamente afastadas, é um perigo constante para qualquer sociedade. Nisso seu pensamento tem vários pontos em comum com o de Sílvio Romero (sem a ideia de um "branqueamento" no final do processo de interação). Em artigo de 4 de novembro de 1923, publicado no *Diário de Pernambuco,* Freyre mostra-se preocupado com a disseminação do "elemento israelita no Nordeste". O problema desses novos imigrantes seria o mesmo que incomodava Sílvio Romero nas colônias alemãs do Sul do país: seu "exclusivismo". A ameaça estaria na "constituição de um 'Nós' dentro do 'Nós' nacional" (Freyre, 1979, vol. I 329).[6] Anos depois, em 1940, escreveria sua conferência *Uma cultura ameaçada: a luso-brasileira,* atacando "congressos culturais e políticos direta ou indiretamente antiluso-brasileiros em

6 É curioso notar que nesse mesmo artigo Gilberto Freyre fale da cultura brasileira como *melting-pot*.

que se discutem assuntos como 'as minorias fazem a história'" (Freyre, 1942: 69). Durante essa conferência eram citados trechos de documentos "típicos" desse gênero de antiluso-brasileirismo (que, insinuava-se, devia ter conexões com o nazismo[7]). Um exemplo da propaganda antinacional:

> (...) o que não existe é povo brasileiro. Nisso todos nós estamos de acordo. O que há é um Estado brasileiro, no qual vivem diversos povos, a saber, para citar apenas alguns, lusitanos, alemães, italianos, japoneses, índios, negros etc. (...) Nós não reconhecemos a etnia lusa como representante exclusiva do nacionalismo brasileiro. Do mesmo modo não admitimos que essa concepção política seja designada por nacionalismo (Citado em Freyre, 1942: 70-1).

Essas palavras, que seriam ouvidas com naturalidade num dos atuais encontros "multiculturais", causam horror a Gilberto Freyre. Estaria em risco o "cuidadoso" processo de miscigenação luso-brasileira.

Sobrados e mucambos pode ser entendido como a descrição de um processo de decadência da miscigenação e do tropicalismo. Tudo começou com a transmigração da família real portuguesa para o Brasil e a abertura dos portos, rompendo com o isolamento colonial. Durante todo o século XIX só teria crescido o medo dos "olhos estrangeiros", o que levou os brasileiros a esconderem costumes africanos e regionalismos (Freyre, 1968: 392). A modinha, o rapé, a cozinha mestiça, os santos de cajá, as redes, as rendas teriam saído de moda, junto com a "inteligente tolerância" com relação ao diferente, característica do luso-tropicalismo. Acabava-se a aliança entre casa-grande e senzala, "formando-se um conjunto aristocrático altamente definido e coeso, enquanto os mucambos, gradualmente expulsos para zonas cada vez mais longínquas e insalubres, dão também a impressão de constituir — no limite — uma cultura inteiramente separada" (Araújo, 1993: 176). A

7 Toda a "bibliografia de propaganda antiluso-brasileira", apêndice do livro em que está publicada essa conferência, é de autoria alemã ou "teuto-brasileira".

"re-europeização" pela qual passou a elite brasileira seria "acima de tudo excludente".

Gilberto Freyre prega a volta do contato entre mundos diferentes, a volta da miscigenação, a volta da mistura de culturas. Critica, como um bom romântico alemão atacando a cultura "afrancesada" da nobreza prussiana, o artificialismo da "re-europeização". No final de *Sobrados e mucambos*, Gilberto Freyre consegue até perceber sinais de uma volta do "equilíbrio de antagonismos", mas, como aponta Ricardo Benzaquem de Araújo, "não fornece nenhuma informação acerca da maneira (...) como foi possível que elas [as tradições africanas], *de repente*, ultrapassassem aquela barreira de civilidade e de preconceito e se mostrassem ativas e influentes dentro dos Sobrados" (Araújo, 1993: 203).

Não é nesse *de repente* que estaria o "mistério do samba" apresentado no primeiro capítulo deste livro? Gilberto Freyre fala da atuação dos mulatos urbanos nessa transformação. Talvez, por um raro momento de modéstia, não tenha falado, em *Sobrados e mucambos*, de seu próprio papel como "salvador da pátria" mestiça: ele e seus amigos teriam conseguido, contra os desejos da elite "re-europeizada", reconhecer o valor tanto de Pixinguinha quanto do arroz-doce. Essa narrativa da re-europeização (e da iluminação pró-miscigenação em Nova York) era conveniente para transformar suas ideias em demonstração de heroísmo. O heroísmo da empatia. Uma empatia que poderia, na utopia freyreana, reunir sobrados e mucambos.

A defesa explícita da empatia, palavra que segundo Diogo de Melo Menezes também teria sido introduzida na língua brasileira por Gilberto Freyre, aparece num prefácio, publicado em 1947, para *Poemas negros*, livro de Jorge de Lima. Gilberto Freyre aproveita a ocasião para atacar os "inimigos do pitoresco", que negariam a Jorge de Lima, por não ser "um indivíduo pessoalmente oprimido pela condição de africano ou de escravo", o direito de escrever sua "poesia afro-nordestina". Retruca com um argumento que poderia ser utilizado para combater alguns excessos "multiculturais" (segundo os quais só negro pode falar de negro, só gay pode falar de gay etc.) de hoje em dia: "Como se em arte e em literatura não houvesse empatia: a empatia que fez um Tolstoi identificar-se profundamente com a gente mais oprimida da Rússia, sendo ele homem de classe senhoril e até conde" (Freyre, 1987: 40). As consequências desse tipo de argumentação são previsíveis:

> Não há felizmente no Brasil uma poesia africana como aquela nos Estados Unidos, (...) poesia crispada quase sempre em atitude de defesa ou de agressão (...). O que há no Brasil é uma zona de poesia mais colorida pela influência do africano: um africano já muito dissolvido no brasileiro (Freyre, 1987: 43).

Alguns poemas de Jorge de Lima, além de serem exemplos dessa poesia "colorida", podem mesmo ser considerados precursores de *Casa-grande & senzala*. Cito versos de *A minha América*, publicado em 1927:

> vós [americanos do norte] que inventastes o novo mundo,
> não vistes a outra América furar
> na escuridão que limita as fronteiras da raça,
> furar com unhas longas e sem brilho
> o canal do Panamá entre o México e vós outros.

E ainda:

> Aqui os mulatos
> substituíram os negros gigantes de Vachel Lindsay.
> Aqui não há os selvagens felizes de Mary Austin.
>   Negros,
>   Selvagens,
>   Amarelos,
> - o arco-íris de todas as raças canta pela boca
> da minha nova América do Sul,
> uma escala diferente da vossa escala.

A dissolução no arco-íris de todas as raças não significa o apagar das diferenças, mas sim o convívio, sem separação, entre diferenças, com infinitas possibilidades de combinações entre elas. Gilberto Freyre chama a colonização portuguesa de "esplêndida aventura de dissolução": "os portugueses se têm perpetuado, dissolvendo-se sempre noutros povos a ponto de parecer ir perder-se nos sangues e nas culturas estranhas" (Freyre, 1942: 26-7). Parece, mas não é: a dissolução é uma estratégia de perpetuar a diferença. Será que Gilberto Freyre viu no samba um novo exemplo dessa esplêndida aventura?

É estranho, num autor que diz, como já foi citado, ser a música a arte em que de preferência se tem manifestado o "espírito nacional" da gente luso-americana, ver que Gilberto Freyre escreveu muito pouco sobre a música popular brasileira. Em *Casa-grande & senzala* o samba aparece apenas numa nota do capítulo II (para dizer que, com o tempo, sua dança foi "deformada", adquirindo maior licenciosidade) e a modinha num trecho que aponta suas relações com a gravidade da música religiosa colonial (Freyre, 1981: 151). Em *Sobrados e mucambos*, o samba aparece pervertido em "dança plebeia", depois salva por Carmen Miranda[8] (Freyre, 1968: 522). E a modinha é citada algumas vezes como estilo musical envergonhado ante a reeuropeização da elite. Em *Ordem e progresso*, as preferências musicais dos entrevistados merecem maior destaque, mas nada que se compare com o número de páginas dedicadas à literatura. Além disso, em outros livros, aparecem elogios ao pan-brasileirismo carioca de Villa-Lobos e pouca coisa mais. Talvez Gilberto Freyre cultive essa característica que identificou entre os recifenses: "Amigos da economia e do silêncio, evitamos a música ou, antes, fazemo-la substituir pela chamada cena muda, que deliciosamente combina as vantagens da barateza e silêncio." Daí o silêncio, ou melhor, as poucas palavras sobre o "encontro" em torno do qual o presente livro está organizado.

Mas, antes de cairmos de vez no barulho do samba é necessário percorrer um último caminho tortuoso (desses que nos parecem afastar do lugar ao qual pretendemos chegar), tendo em vista completar os comentários sobre os inúmeros mediadores, muitos deles mediadores entre mediadores, que

8 Esse trecho é a sequência de uma reflexão que poderia muito bem adequar-se a determinadas manifestações do Brasil contemporâneo: "O que os negros e pardos fizeram, explodindo algumas vezes em desordeiros, foi dar alívio a energias normais em homens ou adolescentes vigorosos que a gente dominante nem sempre soube deixar que se exprimissem por meios menos violentos" (Freyre, 1968: 522).

colaboraram direta ou indiretamente para a realização do encontro entre a turma de Gilberto Freyre e a turma de Pixinguinha. Resta ainda tentar responder a uma pergunta séria: o que um modernista francês como Blaise Cendrars está fazendo nessa história, apresentando Donga a Prudente de Morais Neto?

6
O SAMBA MODERNO

Como já foi citado, Gilberto Freyre escreveu, em artigo publicado no *Diário de Pernambuco* em 1926, que uma das duas principais explicações para o "movimento de valorização do negro" no Rio de Janeiro teria sido "a influência de Blaise Cendrars" (Freyre, 1979: 329). Um poeta francês, representante das vanguardas artísticas de Paris, ensinara a seus amigos modernistas brasileiros o respeito pelas "coisas negras" e pelas "coisas brasileiras". Não é só Gilberto Freyre quem enfatiza o papel de Blaise Cendrars nessa "descoberta" do Brasil por nossos artistas modernos. Essa é uma das explicações mais difundidas para um outro mistério (entre os inúmeros mistérios — do samba, da mestiçagem etc. — que povoam este livro) envolvendo a definição da identidade nacional brasileira no início do século XX. Trata-se daquilo que Eduardo Jardim de Moraes chama de "duas fases" do modernismo brasileiro. O mistério está em compreender como uma fase se transformou na outra:

> Uma primeira fase, iniciada em 1917, caracteriza-se como a da polêmica do modernismo contra o passadismo. Esta é uma fase de atualização — modernização em que se sente fortemente a absorção das conquistas das vanguardas europeias do momento e que perdura até o ano de 1924. Uma segunda fase (...) que se inicia no ano crucial de 24, quando a modernismo passa a adotar como primordial a questão da elaboração de uma cultura nacional, e que prossegue até o ano de 1929 (Moraes, 1978: 49).

Em outras palavras: o que está no centro do mistério é saber como os nossos modernistas deixaram de lado o "puro" vanguardismo internacionalizante e passaram a tentar inventar uma imagem de Brasil que atendesse a seus interesses modernos. Como se dá essa "reviravolta" (o termo é de Moraes), tão bem expressa nas ideias do *Manifesto pau-brasil*, publicado em 1924?

A relevância da influência de Blaise Cendrars é apontada por inúmeros autores. Eduardo Jardim de Moraes considera que Aracy de Amaral, Benedito Nunes e Antônio Cândido dão importância exagerada a essa influência. Mas parece que os próprios modernistas, na hora mesma em que viviam a "reviravolta", tendiam a concordar com a opinião de seus futuros intérpretes. A pintora Tarsila do Amaral chegou a fazer a seguinte declaração: "graças a Cendrars, essa viagem [aquela que a própria Tarsila, ao lado de Mário e Oswald de Andrade, entre outros, fez com o poeta francês para as cidades "coloniais" de Minas Gerais] coletiva de nossos poetas 'modernistas' deveria marcar, tanto para eles como para Cendrars, uma verdadeira descoberta do Brasil profundo" (depoimento citado em Cendrars, 1957, vol. 15: ix). Mário de Andrade se referiu a essa viagem como "excursões de 'descoberta'" (citado em Sevcenko, 1992: 297), e Oswald de Andrade, numa demonstração de gratidão a seu colega francês, dedicou o livro de poemas *Pau-brasil* "a Blaise Cendrars por ocasião da descoberta do Brasil".

Os modernistas também pareciam querer propagandear essa "reviravolta" pela qual passaram como uma iluminação, uma súbita revelação (mais uma vez desencadeada por um *outsider*, como Franz Boas para a "valorização do mestiço" no caso de Gilberto Freyre) que, de certa forma, em nada dependeria da situação brasileira ou dos movimentos artísticos brasileiros anteriores ao modernismo. Mário da Silva Brito, um dos mais importantes historiadores do modernismo brasileiro, chega a dizer que "os modernistas não têm mestres no Brasil. Ou porque estão mortos ou porque, mesmo vivos, são como praticamente inexistentes para eles" (Brito, 1974: 137). O momento modernista seria aquele de inauguração de um novo projeto de arte no Brasil (e do Brasil). Essa versão da história, que os modernistas gostam de contar para si próprios, cortaria quaisquer laços que pudessem ser estabelecidos entre esse novo projeto e as tentativas nacionalistas de um Graça Aranha, um Lima Barreto, um Afonso Arinos, um Euclides da Cunha, um Sílvio Romero ou mesmo todos os românticos "indianistas". Só assim o moderno cumpriria seu papel de ruptura radical com o passado, com a "tradição".

Mas as coisas não se deram — "exatamente" — desse modo iluminado. As preocupações com "a descoberta do Brasil" por parte dos próprios modernistas antecediam a viagem pela Minas colonial acompanhando Blaise Cendrars. Hábitos, influenciados pelo gosto das "coisas brasileiras", pareciam já fazer parte de seu cotidiano. Um cotidiano "nacionalista" não só vivido pela "vanguarda" paulista, mas por grande parte da elite política e econômica de São Paulo (com a qual os modernistas nunca deixaram de ter, além de laços de família em alguns casos, relações pelo menos cordiais[1] — mesmo quando havia alguma desconfiança mútua).

A elite paulista já vivia em ritmo de redescoberta do Brasil bem antes da primeira visita de Blaise Cendrars a São Paulo em 1924. Nicolau Sevcenko descreve a aproximação entre essa elite e a cultura popular (prefiro dizer redefinição do modo de relação, já que — segundo o que os dados apresentados até agora neste livro levam a supor — nunca houve uma ruptura ou um afastamento radical nessa relação) em seu livro *Orfeu extático na metrópole*. Segundo Sevcenko, um acontecimento central para essa nova atitude teria sido a montagem, em 1919, no Teatro Municipal de São Paulo, da peça *O contratador de diamantes*, de Afonso Arinos (encenada, portanto, três anos depois da morte de seu autor): "*O contratador* surgiu assim, ao mesmo tempo, como cristalização e como catalisa-

1 Por exemplo, os modernistas Oswald de Andrade e Menotti del Picchia, junto com Monteiro Lobato, foram convidados por Washington Luís a formar uma comissão oficial que se encarregaria de criar um monumento em homenagem aos bandeirantes, a ser inaugurado no centenário da independência, em 1922. As críticas dos jornais paulistas ao projeto, desenvolvido por Brecheret, foram muito favoráveis, mas a gigantesca (e moderna) escultura não foi erguida naquela ocasião por causa de uma disputa com o grupo de imigrantes portugueses de São Paulo, que queria dar à cidade um outro monumento (ver Brito, 1974: 122-7).

dor de uma fermentação nativista que adquiria densidade crescente em direção aos anos 1920" (Sevcenko, 1992: 247).

Qual o motivo da importância dessa "simples" montagem teatral? Bem, nada era tão simples assim, principalmente se levarmos em conta quem estava envolvido na encenação daquele texto que tão bem representava (incluindo até uma cena de congada, que foi dançada por negros "autênticos" no palco do Municipal) as ideias "populares" ou "populistas" de Afonso Arinos: "Quando em maio de 1919 foi apresentado o nome dos componentes do elenco e dos patrocinadores, eles compunham uma autêntica relação do quem é quem na elite plutocrática paulista" (Sevcenko, 1992: 241), envolvendo até a participação ativa do então prefeito de São Paulo, e futuro presidente do Brasil, Washington Luís.

O sucesso foi retumbante, desencadeando uma espécie de furor nativista na alta sociedade paulistana: "Depois de d'*O contratador*, aquilo que era uma corrente intelectual [representada principalmente pela *Revista do Brasil*, criada em 1916 pela Liga Nacionalista, e pela literatura regional "caipira" de Monteiro Lobato, Amadeu Amaral[2] e Valdomiro Silveira, entre outros] se transforma numa moda de ampla vigência social" (Sevcenko, 1992: 247). Além disso, "Afonso Arinos foi alçado à posição de herói intelectual dos novos tempos" (Sevcenko, 1992: 242).

A moda "nativista" atacou em várias frentes. Foram realizados com grande sucesso, por exemplo, "saraus regionalistas" em que "distintas senhoritas" interpretavam canções sertanejas ao violão e escritores famosos liam seus poemas de tendências caipiras. Nicolau Sevcenko cita vários outros produtos dessa "paixão nacional", de quermesses ao cinema sertanejo, e faz o seguinte comentário sobre essa situação de intensa reordenação das relações intermundos culturais:

> O quanto esses deslizamentos, sobreposições e fusões entre tradição, nativismo, modernidade e cultura popular eram efeitos deliberados, o quanto eram contingências imponderáveis das condições de urbanização, trans-

---

2 Também membro da Liga Nacionalista, colaborador da *Revista do Brasil* e precursor/incentivador dos estudos folclóricos no Brasil.

> formação tecnológica e oscilações na estrutura socioeconômica, é um limiar difícil de distinguir (Sevcenko, 1992: 250).

O fato é que a elite paulistana parecia se divertir com seu novo encanto pelas "coisas brasileiras". Mais que isso: ela estava inventando um orgulho por habitar o país que produz essas coisas.

Os modernistas paulistanos não podiam deixar de ser contaminados por esse orgulho popular-nacional, e isso se deu muito antes do encontro com Blaise Cendrars. Parecia mesmo que estavam preparados para tal encontro e podiam atender às exigências francesas de "diferença" e "exotismo". Tanto que, em 1915 (bem antes da estreia da peça de Afonso Arinos), Oswald de Andrade, em seu momento mais "futurista", já tinha escrito um artigo intitulado "Em prol de uma pintura nacional", em que advogava a seguinte ideia: "não nos faltam os mais variados modelos de cenário, os mais diversos tons de paleta, os mais expressivos tipos da vida trágica e opulenta do nosso vasto *hinterland*" (citado em Brito, 1976: 35). Anos mais tarde, em sua temporada francesa de 1923, Oswald de Andrade fez, a convite do embaixador brasileiro na França, Sousa Lima, uma conferência na Sorbonne em que "destacou a presença sugestiva do tambor africano e do canto negro em Paris, como forças étnicas que desembocavam na modernidade" (Nunes, 1978: xviii). Nesse mesmo ano, Tarsila do Amaral[3] já sabia preparar a comida típica brasileira para os amigos vanguardistas (Cendrars, Léger, Brancusi, Vollard, Supervielle, Delaunay, Satie, Cocteau) que frequentavam seu, e também de Oswald de Andrade, apartamento de Paris. O menu consistia em feijoada, "nossos alcools" (cachaça?) e compota de bacuri[4] (do depoimento de Tarsila do Amaral em Cendrars,

---

3 É bom notar: não se trata de um regionalista como Gilberto Freyre, amante confesso da água de coco, do arroz-doce, e que não vivia no exterior sem receber sua cota de doce de caju.

4 Todo brasileiro que já morou no exterior sabe como é difícil encontrar os ingredientes para o preparo de uma feijoada, ou de uma simples caipirinha, fora do Brasil. Fico pensando nas dificuldades da "pioneira" Tarsila do Amaral. Onde ela conseguia feijão e bacuri na Paris dos anos 1920?

1957, vol. 15: viii). Os brasileiros que receberam Blaise Cendrars em seu primeiro desembarque no porto do Rio de Janeiro, em 1924, também logo o levaram a conhecer mais "coisas brasileiras": eram eles Graça Aranha, Ronald de Carvalho, Américo Facó, Prudente de Moraes Neto, Guilherme de Almeida, Sérgio Buarque de Holanda e Paulo da Silveira[5] que, segundo Cendrars, "imediatamente me iniciou à cozinha afro-brasileira, nos convidando a todos para almoçar num boteco do porto" (Cendrars, 1976: 35).

Tanto o preparo da feijoada parisiense quanto a excursão ao boteco do porto do Rio de Janeiro demonstram que os brasileiros já tinham uma familiaridade com as "coisas brasileiras" que tanto interessavam a Blaise Cendrars. Mas esses mesmos brasileiros afirmaram que foi Blaise Cendrars quem os fez descobrir o Brasil. Devemos, como bons antropólogos, levar suas opiniões a sério. Blaise Cendrars agiu como "cristalizador e catalisador" (para usar as expressões com as quais Nicolau Sevcenko descreveu a ação de *O contratador de diamantes*) de tendências até então dispersas e das quais os brasileiros modernistas com quem Blaise Cendrars conviveu talvez nem se dessem conta. O mesmo aconteceu no encontro entre Gilberto Freyre e Franz Boas com relação ao problema da mestiçagem. O elemento catalisador e cristalizador passa a representar um processo muito mais longo de "tomada de consciência". Nossos modernistas paulistas identificaram sua descoberta do Brasil com Blaise Cendrars. Resta saber o que trouxe o poeta francês ao Brasil e qual a razão de seu enorme interesse logo por esse tipo de "coisas brasileiras".

Blaise Cendrars era "uma das personagens mais centrais, mais em foco, mais festejadas da vida artística de Paris e da Europa" (Sevcenko, 1992: 288). Seu currículo incluía vários livros de enorme repercussão, argumentos para balés, roteiros para o cinema experimental e amizades/parcerias com outros artistas de renome (e decisivos para a história do modernismo

---

Mandava buscar tudo no Brasil? E quem cozinhava? Tarsila? Oswald? Ou nossos modernistas viajavam com criados brasileiros?

5 Jornalista descrito por Cendrars como o "cronista mais feroz do Rio de Janeiro" (Cendrars, 1976: 35).

mundial), como Léger, Milhaud e Cocteau, para citar apenas alguns.

Seu interesse pelas "coisas negras em geral" antecedera (e talvez tivesse mesmo dominado) seu interesse pelas "coisas brasileiras". A Paris da virada dos anos 1910 para os 1920 vivia aquilo que James Clifford descreve como "um período de crescente *négrophilie*, um contexto que veria a irrupção na cena europeia de outras figuras negras evocativas: o jazzman, o boxeador (Al Brown), a *sauvage* Josephine Baker", a época em que "Picasso, Léger, Apollinaire e muitos outros vieram a reconhecer a força 'mágica' elementar das esculturas africanas"[6] (Clifford, 1988: 197). Clifford, seguindo os mandamentos da pós-modernidade antropológica, critica essa atitude moderna por ser racista e sexista, além de aproximá-la da antropologia:

> Ambos os discursos assumem um mundo primitivo necessitado de preservação, redenção e representação. A existência concreta e inventiva da cultura e dos artistas tribais é suprimida no processo de ou constituir mundos "autênticos tradicionais" ou apreciar seus produtos na categoria atemporal da "arte" (Clifford, 1988: 200).

Jean Laude, em seu detalhista *La peinture française (1905-1914) et l'art nègre*, lembra que essas influências "tribais" podiam ser notadas na arte francesa já em 1907 e que "desde 1919 a arte africana entra, assim, progressivamente, no domínio público e no circuito comercial, e se torna parte integrante do panteão estético" (Laude, 1968: 11).

Blaise Cendrars foi um dos principais agentes dessa "invasão negra" na arte francesa, sendo inclusive o editor de uma *Antologia negra*, publicada em 1921, que colocava lado a lado mitos e lendas de todas as etnias africanas com poemas e contos de escritores modernos da África.[7] Desse livro saiu

---

6 Para uma interpretação menos simplista da relação entre Picasso e arte africana, ver Sevcenko, 1992: 195-7, em que podemos ler: "Picasso, como se vê, está muito longe de procurar algo assim como a autenticidade do primitivo, a verdade das formas, a espontaneidade do inconsciente ou a pureza da origem."

7 Em entrevista à rádio francesa publicada no livro *Blaise Cendrars vous parle*, depois de tornar pública sua admiração por Gregório de Matos, Blaise

o argumento para o balé *A criação do mundo*, musicado por Darius Milhaud e com cenários e figurinos de Fernand Léger, estreado em 1923. Quando chegou ao Brasil, em 1924, Blaise Cendrars quis logo, vorazmente, ter contato com essa cultura negra nos locais onde era produzida.

Segundo os textos introdutórios da publicação em livro dos três únicos números da revista *Estética*, Blaise Cendrars teria conhecido Donga em Paris, "onde o compositor andara tocando com os Oito Batutas" (ver o verbete "Blaise Cendrars" do *Glossário de homens e coisas da Estética (1924/1925)*, p. xxiv). Blaise Cendrars tem outra versão para esse encontro. O jornalista Brito Broca, em artigo para *A Gazeta* de São Paulo, publicado em 1960, assim resume a entrevista, já citada acima, em que Blaise Cendrars conta como tudo ocorreu:

> Recorda mais adiante[8] um mulato com quem travou relações no Rio, cuja semelhança com Max Jacob era extraordinária. Conhecia todo mundo na cidade e, como Max, contava histórias "à dormir débout", mas finas, inteligentes, por vezes pérfidas. Foi ele que o levou aos "basfonds" e ao Cinema Poeira, em pleno centro urbano, "um clube de negros seletos". E assim veio a encontrar-se com Donga (citado em Amaral, 1968: 42/43).

Passo a palavra a Blaise Cendrars, com sua pitoresca descrição de Donga:

> Era um negro de raça pura,[9] de tipo daomeano perfeito, com um rosto redondo como uma lua cheia, de um bom

---

Cendrars diz que não incluiu brasileiros na sua *Antologia negra* porque dela só saiu o primeiro volume (ver Cendrars, 1952: 66-7).

8 Antes disso Blaise Cendrars falara de suas andanças pelo morro da Favela, aonde teria ido sozinho, contra as recomendações do prefeito do Rio de Janeiro (que até colocou à sua disposição um agente policial para acompanhá-lo quando viu que o poeta francês estava mesmo determinado a visitar aquela região "perigosa"). Blaise Cendrars aumenta, para o público da rádio francesa, a dramaticidade de sua narrativa, descrevendo o morro da favela, que ficava no centro da cidade e foi demolido, como um lugar onde "se está em plena selvageria" e seus habitantes "não desciam para a cidade quase nunca, salvo para o carnaval" (Cendrars, 1952: 68/69).

9 Segundo a opinião já citada de Gilberto Freyre, Donga seria apenas "outro mulato".

> humor constante e uma graça irresistível. Ele tinha o gênio da música popular. Era autor de centenas e centenas de sambas (Cendrars, 1952: 72/73).

A entrevista prossegue com Blaise Cendrars contando como Donga ficou satisfeito ao saber que tinham um conhecido em comum, o compositor erudito Darius Milhaud. Donga mandou um recado a Milhaud: gostaria de compor uma música chamada *A vaca na Torre Eiffel*[10] em retribuição à homenagem que Milhaud fizera à música popular brasileira em sua composição *Le boeuf sur le toit*, citação de *O boi no telhado*, tango de Zé Boiadeiro, pseudônimo de José Monteiro, que foi cantor dos Oito Batutas, grupo de Donga e Pixinguinha.

Darius Milhaud aparece aqui, ao lado de Blaise Cendrars, como mais um mediador internacional na história da transformação do samba em música nacional brasileira. Ele morou no Rio de Janeiro de 1914 a 1918, onde trabalhou como secretário particular do poeta Paul Claudel, ministro da Legação Francesa no Brasil, portanto com status de embaixador, já que a França não tinha uma embaixada brasileira naquela época. Foi assim que Milhaud conheceu Villa-Lobos. Vasco Mariz assim descreve esse encontro: "Não tardaram a ficar amigos e Villa-Lobos mostrou-lhe os tesouros da música brasileira, e carioca em especial. Levou-o a macumbas, introduziu-o no meio dos chorões, fê-lo apreciar a música carnavalesca" (Mariz, 1989: 50). Milhaud deve ter feito várias outras descobertas sozinho, desde sua chegada ao Rio num sábado de carnaval. Sobre a música popular brasileira, escreveu:

> Os ritmos dessa música popular me intrigavam e me fascinavam. Havia, na síncopa, uma imperceptível suspensão, uma respiração molenga, uma sutil parada, que me era muito difícil de captar. Comprei então uma grande quantidade de maxixes e tangos; esforcei-me por tocá-los com suas síncopas, que passavam de mão para outra.

10 Donga teria dito que comporia essa música "em homenagem à Paris que eu não conheço" (Cendrars, 1957: 73). Como se vê, não podemos confiar nas informações contidas nesse tipo de depoimentos. Donga conhecia Paris, onde ficou seis meses tocando com os Oito Batutas. Será que Blaise Cendrars não sabia disso?

> Meus esforços foram compensados e pude, enfim, exprimir e analisar esse "pequeno nada", tão tipicamente brasileiro. Um dos melhores compositores de música desse gênero, Nazaré, tocava piano na entrada de um cinema da avenida Rio Branco. Seu modo de tocar, fluido, inapreensível e triste, ajudou-me, igualmente, a melhor conhecer a alma brasileira (Citado no verbete "Darius Milhaud" da *Enciclopédia de música brasileira;* extraído das *Notes sans musique,* notas autobiográficas publicadas em Paris em 1945).

Como se vê, não existe nessas palavras nenhuma hierarquia erudito/popular. Ao contrário, a música popular e os músicos populares são tratados com grande respeito e seriedade (também em relação a aspectos da técnica musical), como se pudessem — como acabaram fazendo — ensinar coisas importantes e difíceis a qualquer músico erudito. De volta a Paris, Milhaud compôs várias obras de inspiração brasileira, como *Deux poèmes tupis;* o chorinho, o tanguinho e o sambinha coletivamente intitulados *Danses de Jacarémirim;* a suíte *Saudades do Brasil;* e o *Le boeuf sur le toit,* lembrado por Donga, que serviu de trilha sonora para um espetáculo de Jean Cocteau, usando trechos de dezenas de músicas cariocas que fizeram sucesso nos anos 1910. *Le boeuf sur le toit* acabou virando o nome de um cabaré, também criado por Jean Cocteau, e que se transformou "na coqueluche e num dos principais centros da vida cultural de Paris" (Sevcenko, 1992: 278). Como se vê, a cultura popular brasileira, entre os anos 1910 e 1930, atravessou o Atlântico várias vezes, sendo apropriada pelos franceses de inusitadas maneiras, num fenômeno típico de transculturação (para uma discussão sobre esse conceito, ver o Anexo 1) que gerou muitas redefinições de identidade para vários grupos sociais, tanto na Europa quanto no Brasil.

No Brasil, essa cultura popular brasileira, que também estava sendo definida/fabricada no vaivém interatlântico, não pode ter o mesmo exotismo que tanto seduziu o olhar francês. Benedito Nunes, em seu texto "A antropofagia ao alcance de todos", afirma que o que move o pensamento de Oswald de Andrade "não será pois o exotismo amável e compreensivo de Blaise Cendrars" (Nunes, 1978: xxxiii). No *Manifesto pau-brasil,* o ideal é "conciliar a cultura nativa e a cultura intelectual renovada, a floresta com a *escola* num complô híbrido que ratifica a miscigenação étnica do povo brasileiro" e quebra "a aura exótica da cultura nativa" (Nunes, 1978: xxxiii). Aqui nada seria puro, tudo estaria misturado, começando a ser outra coisa a todo momento. É essa instabilidade essencial que passa a ser a quimera de nossos modernistas. Não existe a possibilidade de descansar no território do Outro porque o Outro está entre nós, até mesmo em "nosso sangue". Oswald de Andrade diz: o Brasil é uma "formação étnica rica". Estamos no centro do (de volta ao) problema da mestiçagem.

O problema não tem fácil resolução. É preciso, repito, para quem está interessado no processo de construção do nacional, definir a mestiçagem que nos interessa, o que é o "brasileiro" que nos interessa. Corre-se o risco de acabar querendo impor esse "brasileiro" a todos os diferentes brasileiros. É o que acontece em alguns escritos sobre música de Mário de Andrade. Apesar de suas posições contrárias àquilo que chama de xenofobia, imperialismo, exclusivismo, unilateralismo ou, principalmente, exotismo, Mário de Andrade é partidário de uma nacionalização da arte e da cultura feita no Brasil, colocando para todos os brasileiros o dever de repudiar manifestações antinacionais (mesmo as que o próprio Mário de Andrade considerava de inegável valor artístico), "que nem faz a Rússia com Stravinsky e Kandinsky" (Andrade, M., 1962: 17).

A citação anterior, surpreendente no pensamento de um modernista paulista (talvez os regionalistas pernambucanos nunca ousassem declaração semelhante), foi retirada do *Ensaio sobre a música brasileira*, publicado inicialmente em 1928, o mesmo ano da edição de *Macunaíma*, o romance mais nacionalista (com um herói mestiço) de nosso modernismo. Mário tinha consciência de que esse seu nacionalismo era uma opção (e uma construção) política, adequada ao momento pelo qual o país estava passando, e não o resultado de uma descoberta da essência do povo brasileiro ou de suas raízes culturais imutáveis. Nesse mesmo ensaio fica enfatizado o combate à "puerilidade" do exotismo, descrito como a "falsificação da entidade brasileira" realizada por modernos locais que sucumbiram à "opinião de europeu": "não é a expressão natural e necessária de uma nacionalidade não, em vez é o exotismo, o jamais escutado em música artística, sensações fortes, vatapá, jacaré, vitória-régia" (Andrade, M., 1962: 14).

A crítica de Mário da Andrade a essa "opinião de europeu" poderia ter sido endereçada a seu amigo Blaise Cendrars: "o que a Europa tira da gente são elementos de exposição universal: exotismo divertido. Na música, mesmo os europeus que visitam a gente perseveram nessa procura do exquisito apimentado." E ainda: "Si escutam um batuque brabo muito que bem, estão gosando, porêm si é modinha sem sincopa ou certas efusões liricas dos tanguinhos de Marcelo Tupinambá. *Isso é* música *italiana*! falam de cara enjoada" (Andrade, M., 1962: 15). Tal argumentação poderia ter como consequência uma definição de música brasileira que englobasse "toda música nacional como criação quer tenha ou não caracter étnico" (Andrade, M., 1962: 16). Seria, então, arte brasileira mesmo aquela produzida por "um artista brasileiro escrevendo agora em alemão sobre assunto chinês" com "música da tal chamada de *universal*"? Em tese a resposta seria sim, mas na prática os brasileiros deveriam lutar contra essa música, que seria "antinacional".

Aqui entram, sem muitas explicações, as preocupações políticas de Mário de Andrade. O período "atual" (o final dos anos 1920) seria de "nacionalização", e "o compositor brasileiro tem de se basear quer como documentação quer como inspiração no folclore" (Andrade, M., 1962: 29). Em carta a Joaquim Inojosa, historiador do movimento regionalista e modernista pernambucano, Mário de Andrade escreveu: "o critério histórico atual de música brasileira é o da manifestação musical que, sendo feita por brasileiro ou indivíduo nacionalizado, reflete características musicais da raça. Onde estas estão? Na música popular" (citado em Moraes, 1992: 77). E qual a verdadeira música popular? Como já vimos, a inspiração deve sempre vir do folclore. Assim, Mário de Andrade se distancia da "influência deletéria do urbanismo" (Andrade, M., 1936: 4), do "popularesco" e do "internacionalismo fatal dos meios urbanos que amolece os valores nacionais" (Andrade, M., 1962:[11] 126). Isso tudo reconhecendo que no Brasil

---

11 Artigo publicado inicialmente no jornal *O Estado do Pará*, em 22 de julho de 1928, transformado em capítulo do livro *Ensaio sobre a música brasileira*.

as zonas rurais e urbanas seriam quase "indelimitáveis" e que as grandes cidades brasileiras produziram estilos musicais sedutores como aquele do "brasileiro espertalhão e carioquisado" que "reage mais dinamicamente na flauta, no violão, no oficleide e no saxofone modernista, maxixando com tamanho talento na anca que a gente fica pasmo só de ver" (do artigo publicado em *O Estado do Pará*, já citado acima). Mesmo assim, uma "patrulha" do nacional entra imediatamente em ação. O escritor Antônio de Alcântara Machado desabafou na *Revista do Brasil*, no final dos anos 1920 (quando a "reviravolta" nacionalizante do modernismo brasileiro já estava consolidada): "Hoje se escreve brasileiro por sistema, por ser moda" (Sevcenko, 1992: 300). O samba também virara moda?

7
O SAMBA DA MINHA TERRA

Os revolucionários de 1930 já dispunham de meios eficientes para difundir nacionalmente suas pregações unificadoras. O rádio, por exemplo, fizera suas primeiras transmissões no Brasil nas comemorações do centenário da Independência em 1922. Em 1923 foi inaugurada a primeira estação de rádio brasileira, a Rádio Sociedade do Rio de Janeiro, iniciativa do antropólogo Roquette Pinto[1] e do cientista Henrique Morize. No início, sua programação ("o que o povo precisa") consistia apenas de música erudita e palestras culturais (no sentido de "Alta Cultura").

O panorama se modificou com a concorrência de outras rádios comerciais, como a Rádio Mayrink Veiga, inaugurada em 1926, e a Rádio Educadora, em 1927. Apesar do crescente número de emissoras, os primeiros programas de grande audiência só surgiram depois da Revolução de 1930. O pioneiro nesse estilo foi o *Programa Casé*, colocado no ar pela primeira vez em 1932. A Rádio Nacional adotou a programação de música popular do *Programa Casé*, tornando-se a emissora mais influente nos anos Getúlio Vargas,[2] ouvida em ondas médias

---

1 Seis anos depois, em 1929, o mesmo Roquette Pinto estaria participando de um Congresso Brasileiro de Eugenia, em que fez — contra os arianistas — uma vigorosa defesa do mestiço brasileiro, citada por Gilberto Freyre no Prefácio à 1ª edição de *Casa-grande & senzala*.

2 Um presidente que tinha muita consciência do papel que os meios de comunicação de massa poderiam desempenhar na realização de seu plano

e curtas em todo território nacional. Mesmo *A hora do Brasil*, programa de propaganda criado durante o Estado Novo (e que até hoje é transmissão obrigatória para todas as emissoras brasileiras), incluía a divulgação de música popular em sua programação. Vale lembrar que os programas de maior audiência em todo o Brasil eram transmitidos do Rio de Janeiro. (Para detalhes sobre os primeiros anos do rádio no Brasil, ver Tinhorão, 1981; Cabral, 1990; Almirante, 1977; entre outros.)

O mercado de discos brasileiros, no final da década de 1920, também estava em ritmo de revolução, com o advento da gravação elétrica e a instalação de várias gravadoras no país. Até 1928 existia apenas uma gravadora lançando discos no Brasil, a Casa Edison, de propriedade da empresa Odeon. Nesse ano são inauguradas a Parlophon, também da Odeon, e a Columbia. No ano seguinte, 1929, é a vez da Brunswick e da RCA, todas com sede no Rio de Janeiro e todas precisando de novos músicos para completar seus *casts*. Nada mais propício para o samba carioca, mais tarde tido como brasileiro, finalmente se definir como estilo musical. Em sua própria cidade, já havia as rádios, as gravadoras e o interesse político que facilitariam (mas não determinariam — isso é outro problema) sua adoção como nova moda em qualquer cidade brasileira. O samba tem "tudo" a seu dispor para se transformar em música nacional.

No início do século XX o campo da música popular ouvida no Brasil era regido por uma extrema variedade de estilos e

---

de unidade nacional. Tanto que, em sua mensagem ao Congresso em 1º de maio de 1937, declarou: "O Governo da União procurará entender-se a propósito, com os estados e municípios, de modo que, mesmo nas pequenas aglomerações, sejam instalados aparelhos rádio-receptores, providos de alto-falantes, em condições de facilitar a todos os brasileiros (...) toda sorte de notícias tendentes a entrelaçar os interesses diversos da nação." E continua: "A iniciativa mais se recomenda quando consideramos o fato de não existir no Brasil imprensa de divulgação nacional" (citado em Cabral, s/d: 39).

ritmos. O próprio carnaval, descrito por Oswald de Andrade como "o acontecimento religioso da raça", não era festa movida apenas por músicas que poderiam ser classificadas como brasileiras. Ao contrário, os maiores sucessos da folia, desde que ela se organizou em bailes (tanto os aristocráticos como os populares), eram polcas, valsas, tangos, mazurcas, schottishes e outras novidades norte-americanas como o charleston e o fox-trot. Do lado nacional, a variedade também imperava: ouviam-se maxixe, modas, marchas, cateretês e desafios sertanejos. Nenhum desses estilos musicais, apesar de suas modas passageiras, parecia ter fôlego suficiente para conquistar a hegemonia no gosto popular da época. Nenhum deles era considerado o ritmo nacional por excelência.

Foi só nos anos 1930 que o samba carioca começou a colonizar o carnaval brasileiro, transformando-se em símbolo de nacionalidade. Os outros gêneros produzidos no Brasil passaram a ser considerados regionais. Essa "colonização" interna feita pelo samba tem um bom exemplo nas respostas do sambista gaúcho Lupiscínio Rodrigues durante uma entrevista ao jornal *Pasquim*, realizada em 1976. Distinguindo seu estilo musical daquele de seu conterrâneo Teixeirinha, compositor mais ligado às "tradições" da música gaúcha, Lupiscínio diz: "A diferença é que eu faço música popular, o Teixeirinha faz música regional." À pergunta sobre como conseguia afastar essa influência do Rio Grande do Sul de sua música, a resposta é sugestiva: "Eu acho o ritmo brasileiro o melhor do mundo" (Rodrigues, 1976: 68). Lupiscínio nem precisa explicitar que o ritmo brasileiro, considerado popular (coisa que a música regional não seria), só pode ser o samba carioca.

A ausência do "ritmo brasileiro", até a vitória do samba depois da Revolução de 1930, não significava, como ficou claro nos capítulos anteriores, que inexistisse um certo intercâmbio regional e entre classes sociais em matéria de gosto musical. O exemplo, já discutido, da modinha prova exatamente o contrário, mostrando como um ritmo podia ser sucesso em todo o Brasil (conquistando inclusive repercussão na Europa), mas nem por isso se transformando em gosto hegemônico ou símbolo do que existe de mais brasileiro no Brasil.

Voltando então aos músicos que participaram do encontro descrito no capítulo I, principalmente Donga e Pixinguinha: sabemos que, no carnaval de 1914, eles participaram da formação do Grupo do Caxangá, junto com João Pernambuco (parceiro de Catulo da Paixão Cearense — dizem até que Catulo se apropriou de várias de suas composições). O Grupo do Caxangá permaneceu tocando nos carnavais até 1919. No resto do ano seus músicos tinham outras atividades, muitas delas decisivas para o futuro da música popular no Brasil. Pixinguinha e Donga eram frequentadores da casa de Tia Ciata,[3] na Praça Onze, endereço importantíssimo para o nascimento do samba carioca.[4] Foi numa das noitadas musicais na casa dessa tia baiana que foi composto, coletivamente, o samba *Pelo telefone*, que acabou entrando para a história como o primeiro samba registrado[5] (como composição de Donga — um golpe que rendeu muitas desconfianças e até inimizades entre os sambistas pioneiros).

Como já foi dito, o Rio de Janeiro da época estava passando por intensas modificações urbanísticas, desencadeadas pela reforma de Pereira Passos, com a abertura da Avenida Central e a expulsão de muitas famílias negras e pobres (entre elas muitas famílias baianas que haviam se mudado para o Rio de Janeiro depois da Abolição da Escravatura, trazendo em sua

---

3 A casa não era um local de frequência exclusivamente negra. Ari Vasconcelos aponta, entre os músicos que participavam das rodas de samba de Tia Ciata, o cigano Saudade. Aliás, ainda segundo Ari Vasconcelos, os ciganos não tiveram papel secundário na invenção do ritmo nacional brasileiro: "Pixinguinha e João da Baiana me revelaram que havia um grupo de compositores, cantores e músicos ciganos que cultivavam o samba com grande maestria e que trouxeram também uma contribuição importante, talvez mesmo decisiva, ao gênero" (Vasconcelos, 1993: 108). Essa informação, além de reafirmar a importância da linhagem étnica de Laurindo Rabello para a história da música popular brasileira, também complexifica ainda mais a intricada rede de mediações transculturais que deu origem à nacionalização do samba.

4 Sobre a importância da casa de Tia Ciata para a formação da cultura popular carioca no início deste século, ver o excelente livro *Tia Ciata*, de Roberto Moura (Moura, 1983).

5 Não vou entrar aqui nas polêmicas que identificam outras músicas, como *A viola* — "samba" de Catulo da Paixão Cearense gravado em 1914 — como antecessores fonográficos de *Pelo telefone*.

bagagem o candomblé e vários ritmos do samba, que aqui foram transformados no samba carioca) do Centro da cidade para, num primeiro momento, a Cidade Nova e, depois, para os subúrbios e favelas. Mas no Centro ainda era possível encontrar uma mistura de todas as classes sociais, inclusive morando lado a lado, o que tornava rápida a circulação das novidades lançadas pelos diferentes segmentos da sociedade carioca. Também já me referi ao fato de que, antes da existência do Grupo do Caxangá, Afonso Arinos e outros escritores de renome frequentavam a república onde moravam Donga, Pixinguinha e Heitor dos Prazeres. Donga, em seu depoimento ao Museu da Imagem e do Som gravado em 1969, descreveu o itinerário de uma noitada típica reunindo "mundos artísticos" aparentemente sem contato:

> Recebíamos a visita de Olegário Mariano, Afonso Arinos, presidente da Academia Brasileira de Letras, Hermes Fontes, Gutembergue Cruz, Catulo da Paixão Cearense e outros poetas. Iam lá nos buscar para fazermos uns programas na Praça da Cruz Vermelha. Nós ficávamos ali, improvisando, tocando, cada um solando alguma coisa e os poetas dizendo os versos. (...) depois íamos para aquele largo da Av. Gomes Freire, a Praça dos Governadores, onde o João Pernambuco morou mais tarde. Nessa praça tinha um bar, no qual sentávamos e rompíamos o dia. Era um meio de literatos que apreciavam música e músicos que apreciavam poesia (Donga, 1969: 16).

A lembrança é de uma troca intensa, que modificava constantemente o panorama cultural da cidade, renegociando todas as fronteiras. Essa troca podia tomar várias formas, inclusive a da proteção contra atitudes discriminatórias de outros grupos da elite, ou de outras "autoridades", contra os músicos populares. Outro sambista pioneiro, João da Baiana (que conhecia Donga desde criança), conta um acontecimento "pitoresco" que revela muitas das mediações transculturais que contribuíram para a formação do mundo da música popular carioca, e da cultura popular carioca em geral. Esse acontecimento envolve, ao mesmo tempo, repressão e proteção por parte de "poderosos" diante do samba.

João da Baiana era neto de escravos que, depois de libertos, se mudaram da Bahia para o Rio de Janeiro, onde montaram uma quitanda para a venda de gêneros afro-brasileiros. Sua mãe, conhecida como Tia Prisciliana de Santo Amaro, preparava doces baianos, que eram vendidos por vários empregados, e competia com outras "tias baianas" (como Tia Ciata, ou Tia Amélia — mãe de Donga) para ver quem dava as festas mais animadas. Segundo João da Baiana, em depoimento para o Museu da Imagem e do Som gravado em 1966, seu avô era da maçonaria, e por isso mantinha boas relações com muitos nomes da elite brasileira, como Irineu Machado, Pinheiro Machado e até mesmo o futuro presidente Hermes da Fonseca (em cujo batalhão João da Baiana foi ajudante de cocheiro), que frequentavam os "sambas" de sua mãe e de outras "tias".

O pandeirista João da Baiana também era convidado a animar as festas do então senador Pinheiro Machado. Em 1908, não pôde comparecer a uma dessas festas pois a polícia apreendera seu pandeiro ("o samba era proibido, o pandeiro era proibido") quando tocava nas ruas da Penha. Sabendo do ocorrido, no dia seguinte Pinheiro Machado deu de presente a João da Baiana um novo pandeiro com a inscrição: "A minha admiração, João da Baiana, senador Pinheiro Machado" (João da Baiana, 1966: 7). Como se vê, muitos laços (maçonaria, culinária, festas) uniam esses segmentos distintos da sociedade brasileira. O toque do pandeiro era reprimido por policiais e, ao mesmo tempo, convidado a animar recepções de um senador da República. E a circulação de novidades culturais por diferentes bairros e classes sociais do Rio de Janeiro, apesar das reformas urbanísticas e da *belle époque*, continuava intensa.

Nas primeiras décadas deste século os cinemas cariocas costumavam contratar músicos, incluindo nomes importantes, como Ernesto Nazareth, para se apresentarem em suas salas de espera. Um pouco antes do carnaval de 1919 a epidemia da gripe espanhola devastara a população da cidade, matando inclusive vários músicos. O gerente Isaac Frankel precisava de uma nova orquestra para animar o seu Cine Palais. Já conhecendo Pixinguinha, por tê-lo visto tocar com o Grupo do Caxangá num coreto carnavalesco do Largo da Carioca, resolveu convidá-lo para apresentar-se na sala de espera do seu cinema. Gostou também do Grupo do Caxangá, mas pediu uma orquestra menor. Pixinguinha e Donga acabaram escolhendo oito integrantes do Grupo do Caxangá, e o grupo (que ainda se apresentava com roupas de "sertanejos" — ver Cabral, 1978: 30) foi batizado por Isaac Frankel de Oito Batutas (ver Almirante, 1977: 29).

Os instrumentos tocados pelos Oito Batutas eram flauta, bandolim, cavaquinho, três violões, ganzá e pandeiro. Seu repertório era formado por maxixes, lundus, canções sertanejas, corta-jacas, batuques, cateretês (o samba ainda não aparecia como estilo musical distinto). Isaac Frankel aparentemente cometia uma ousadia colocando uma banda como essa para tocar num dos cinemas mais elegantes do centro da cidade. Principalmente porque a maioria de seus integrantes era de negros. A reação contrária foi imediata: o maestro Julio Reis declarou ao jornal *A Rua* "ser a música nacional inadequada aos educados ouvidos da aristocrática frequência dos cinemas" (citado em Silva & Oliveira Filho, 1979: 39). O jornalista Benjamim Costallat recordava esse episódio em artigo publicado na *Gazeta de Notícias* de 22 de janeiro de 1922: "Foi um verdadeiro escândalo, quando, há uns quatro anos, os 'oito batutas' apareceram. Eram músicos brasileiros que vinham cantar coisas brasileiras." E ainda: "Segundo os descontentes, era uma desmoralização para o Brasil ter na principal artéria de sua capital uma orquestra de negros" (citado em Silva & Oliveira Filho, 1979: 44-5).

Talvez Costallat exagere (contribuindo assim para a história mítica da "resistência" do popular): os descontentes existiam, mas seu número não devia ser tão grande. Senão como explicar que, um ano depois de sua estreia no Cine Palais, os Oito Batutas tenham sido convidados oficialmente a se apresentar para os reis da Bélgica que estavam de passagem pelo Brasil? E como se explica que pessoas como Rui Barbosa, Ernesto Nazareth e Arnaldo Guinle tenham passado a ir ao Cine Palais só para ouvir os Oito Batutas (ver Silva & Oliveira

Filho, 1979)? E o convite para a apresentação no Pavilhão da General Motors e na embaixada norte-americana (segundo Donga, "o embaixador Morgan era adepto do samba" — Donga, 1969: 19) durante as comemorações do centenário da independência brasileira? E o financiamento do milionário Arnaldo Guinle[6] para suas apresentações pelo Brasil e na França, onde chegaram a se apresentar para a família real brasileira (ver Donga, 1966: 18)? Os Oito Batutas pareciam ter mais admiradores importantes do que inimigos. Ou então o escândalo passou rápido demais. Uma coisa é certa: a "sociedade brasileira" já estava preparada para aceitar aquela música mestiça, inclusive para representá-la em cerimônias oficiais.

Como vimos, a música dos Oito Batutas não era algo homogêneo. Mas todos os estilos de seu repertório, apesar de incluir gêneros totalmente urbanizados, podiam ser chamados, na época, de música sertaneja. Tanto que o espetáculo apresentado pelo grupo em São Paulo, em 1921, chamava-se *Uma noite no sertão*. Catulo da Paixão Cearense reclamava assim do convite feito aos Oito Batutas para se apresentarem diante dos reis da Bélgica: "Se desejavam que o rei conhecesse os nossos sertanejos e as canções da nossa gente, por que não me convidaram? Haverá no Brasil um homem nesse gênero que possa ser mais condignamente representativo?" (citado em Cabral, 1978: 37). Arnaldo Guinle financiara a excursão brasileira dos Oito Batutas para que, junto com João Pernambuco (integrado à banda para a viagem), fizessem uma coleta de músicas folclóricas. Portanto, existia um interesse pela cultura popular brasileira, que era confundida com um fenômeno sertanejo, que por sua vez era identificado com o folclore nacional. Os Oito Batutas aproveitavam tal interesse e faziam sucesso por onde passavam.

---

6 Guinle, entre outras atividades, era patrocinador do Fluminense Football Club (tendo inclusive feito o discurso de inauguração de sua sede social em 18 de novembro de 1920) e tradutor/adaptador do *Manual do escoteiro*, publicado pela primeira vez no Brasil em 1922. Já tinha também recebido homenagem de outro sambista: o "rei" Sinhô compusera o batuque *Ojo Burucu* como uma homenagem conjunta a Arnaldo Guinle e Villa-Lobos (Efegê, 1980, vol. 2: 123).

Já os interesses musicais dos componentes dos Oito Batutas não se restringiam apenas ao que era rotulado como nacional. Durante sua temporada parisiense, em 1922, eles ficaram apaixonados pelo jazz, fato que motivou a compra de um saxofone (mais um presente de Arnaldo Guinle) para Pixinguinha. Até o final da década de 1920 participaram de várias orquestras chamadas Jazz[7] (mas que na verdade tinham repertório bem variado) formadas no Rio de Janeiro, como a Carlito Jazz que acompanhava as revistas da Bataclan e com a qual Donga viajou novamente à Europa.[8]

Essa paixão jazzística vai ser criticada por jornalistas, inaugurando um tipo de crítica musical nacionalista e antiamericana que se tornou comum no decorrer do século. O crítico Cruz Cordeiro, escrevendo para a revista *Phono Arte*, em 1928 e 1929, acusava Pixinguinha de estar sendo influenciado pela música norte-americana, inclusive em sua famosa composição *Carinhoso*, que acabava de ser lançada em disco. A acusação era grave e valorativa. Cruz Cordeiro declarou: "é por esse motivo que julgamos esse disco o pior dos quatro que a Orquestra Pixinguinha-Donga oferece nesta quinzena" (citado em Cabral, 1978: 57). O argumento lembra Sílvio Romero: influência estrangeira significa imitação; toda imitação é ruim, por definição. Logo, a expressão "influência norte-americana" vai ser trocada por americanização. Depois encontraremos as acusações de "imperialismo cultural", "neocolonialismo" ou "multinacionalização da cultura". Para isso, ainda era necessário que o samba carioca de fato se consolidasse como música

---

7 Tinhorão afirma que nos "bailes do tipo gafieira, realizados em sobrados do Centro, do Catete e de Botafogo, onde se divertia o grosso da população negra e mestiça, as orquestras eram chamadas simplesmente de *jazz* e — segundo depoimento de Jota Efegê no livro *O cabrocha* — tocavam eles, em 1930, indiferentemente, sambas, maxixes, *fox-blues* e valsas" (Tinhorão, s/d: 47).

8 Junto com Donga estava Sebastião Cirino, outro componente dos oito Batutas que tocou para Gilberto Freyre na "noitada" do Catete. Sebastião Cirino morou em Paris por 14 anos, período no qual chegou a dar aulas de violão para a princesa Maria Thereza d'Orleans e Bragança (Efegê, 1980, vol. 1: 239). Como é possível perceber, o violão deixou rapidamente de ser uma vergonha para a elite.

nacional. Só assim as acusações ganhariam fundamento: teriam alguma coisa para contrapor à influência alienígena, alguma coisa que, se ameaçada, colocaria em perigo a "autenticidade" da cultura brasileira, que deveria ser protegida também por definição.

Em seu estudo sobre o desfile de escolas de samba no Rio de Janeiro, Maria Laura Viveiros de Castro Cavalcanti mostra como o carnavalesco atua como mediador cultural entre os vários grupos sociais da cidade e as várias definições de arte e brasilidade que esses grupos advogam (ver Cavalcanti, 1993). O compositor de samba, nos anos 1920 e 1930, mantendo viva uma "tradição" à qual — como vimos no Capítulo II — já pertenciam Laurindo Rabello e Catulo da Paixão Cearense, também pode ser pensado como um agente mediador entre mundos culturais distintos, como o dos salões intelectuais e o das festas populares das camadas mais pobres da cidade. Essa característica foi apontada por observadores da época, como fica claro neste comentário do poeta Manuel Bandeira sobre o sambista Sinhô, outro frequentador da casa de Tia Ciata: "Ele era o traço mais expressivo ligando os poetas, os artistas, a sociedade fina e culta às camadas profundas da ralé urbana. Daí a fascinação que despertava em toda a gente quando levado a um salão" (Bandeira, 1937a: 108 — esse trecho faz parte de um artigo escrito para o *Diário Nacional* de São Paulo e publicado logo depois da morte de Sinhô em 1930).

Esse fascínio era confundido com um interesse pelo popular, que cada vez mais competia com os interesses eruditos dos salões e da elite brasileira. Manuel Bandeira chega a ver no sambista o símbolo por excelência da cultura carioca: "o que há de mais povo e de mais carioca tinha em Sinhô a sua personificação mais típica, mais genuína e mais profunda" (Bandeira, 1937a: 108). A princípio, o contato com esse mundo "genuíno" era feito através de compositores já consagrados que eram convidados para os salões das camadas mais ricas da cidade (ou para um café — fechado para a ocasião, como no encontro entre Gilberto Freyre e Pixinguinha). Os ricos, segundo as informações que consegui coletar, não iam aos pagodes da Saúde, da Cidade Nova ou da nascente favela da Mangueira, bairros de onde provinha a maior parte dos sambistas. Esses locais eram vistos com fascínio, mas também com medo. O território da "autenticidade" do samba, que a elite carioca começava a respeitar, era também considerado um mundo perigoso:

> Sinhô para toda a gente era uma criatura fabulosa vivendo no mundo noturno do samba, zona impossível de localizar com precisão — é no Estácio, mas bem perto ficam as macumbas do Encantado, mundo onde a impressão que se tem é que ali o pessoal vive de brisa, cura tosse com álcool e desgraça pouca é bobagem (Bandeira, 1937b: 169)[9].

Mas já existiam jovens de classe média querendo uma proximidade maior com o mundo do samba. Foi o caso, por exemplo, do cantor Mário Reis, filho de comerciante e estudante de direito que, encontrando Sinhô na loja A Guitarra de Prata, no centro do Rio de Janeiro, passou a ter aulas de violão com o sambista. Foi Sinhô, que na época já tinha vários sucessos lançados (a maioria em ritmo de samba, mas também de fox, charleston, toada, cateretê, coco, maxixe, valsa, fado — ver Alencar, 1981), quem convidou Mário Reis para cantar,

---

9 A propósito, as pessoas que aplaudiam e cantavam com Sinhô nos salões das residências mais elegantes da cidade não compareceram a seu enterro. A descrição de Manuel Bandeira para o velório é um painel pitoresco, lembrando uma cena de romance de Jorge Amado, das "camadas populares" da época: "A capelinha branca era muito exígua para conter todos quantos queriam bem ao Sinhô, tudo gente simples, malandros, soldados, marinheiros, donas de rendez-vous, meretrizes, chauffeurs, macumbeiros (lá estava o velho Oxumã da Praça Onze, um preto de dois metros de altura com uma belida num olho), todos os sambistas de fama, os pretinhos dos choros dos botequins das ruas Júlio do Carmo e Benedito Hipólito, mulheres dos morros, baianas de tabuleiro, vendedores de modinhas. As flores estão num botequim em frente, prolongamento da câmara-ardente" (Bandeira, 1937a: 110).

em 1928, na gravação de seu samba *Que vale a nota sem o carinho da mulher* (ver o verbete "Mário Reis" na *Enciclopédia da música brasileira*). No ano seguinte a essa primeira gravação, Mário já estava famoso o suficiente para gravar sambas de um compositor estreante em disco, o seu colega de Faculdade de Direito Ari Barroso (filho de promotor público de Ubá, Minas Gerais). O samba, naquela época, não era visto como propriedade de um grupo étnico ou uma classe social, mas começava a atuar como uma espécie de denominador comum musical entre vários grupos, o que facilitou sua ascensão ao status de música nacional.

No final dos anos 1930 outro grupo de jovens de classe média (da baixa à alta classe média) branca começou a ter uma participação decisiva na história do samba: foi a turma de Vila Isabel, que incluía nomes como Noel Rosa (filho de gerente comercial e professora), Almirante (órfão aos 15 anos, trabalhou como caixeiro e serviu na Marinha — daí seu apelido) e Braguinha (filho de industrial). Os Oito Batutas, em sua passagem por Recife, em 1921, motivaram a formação dos Turunas Pernambucanos, que por sua vez motivaram o aparecimento dos Turunas da Mauriceia, os quais, tocando no Rio de Janeiro em 1927, serviram de inspiração para a formação do regional (o nome sugestivo pelo qual eram conhecidas as bandas de música popular da época) Flor do Tempo, depois chamado de Bando de Tangarás, pela turma de Almirante (ver Almirante, 1977).

Sérgio Cabral, em sua biografia de Almirante, cita a opinião do radialista Haroldo Barbosa de que a Vila Isabel do final dos anos 1920 e início dos anos 1930 seria comparável à Ipanema dos anos 1960 em matéria de boemia artística de classe média (ver Cabral, 1990: 42). A banda Flor do Tempo ensaiava na casa do empresário Eduardo Dale, na Tijuca. Almirante se lembra dessa época:

> Homem de enormes relações em todos os meios sociais, e vendo no pequeno grupo um bom elemento de contato com alguns destacados figurões da política, gente influente e útil aos negócios de sua casa comercial, Eduardo Dale levava o grupo para cantar em casas de ministros, de altos funcionários, de diretores de repartições públicas etc. (citado em Cabral, 1990: 44).

O Bando dos Tangarás, em 1929, já lançava discos. A influência "regional" era marcante, tanto que no samba *Façanha do bando* eles cantavam: "Quando nós saímos do Norte/Foi pra no mundo mostrá/Como canta aqui nesta terra/Um bando de tangará." No final de 1929 eles lançaram *Na Pavuna*, a primeira gravação de samba a usar "a batucada própria de escola de samba" (Almirante, 1977: 68), agremiação carnavalesca que naquele ano tinha saído em desfile pela primeira vez. Portanto, não demorou muito tempo, desde o nascimento do "samba de morro" (que não nasceu exatamente no morro, mas sim em algum lugar entre os morros e as ruas da Cidade Nova), para encontrá-lo utilizado pelos músicos brancos de classe média. A turma de Noel Rosa participou inclusive do processo de definição desse samba "autêntico". O próprio Noel compôs sambas em parceria com Ismael Silva, talvez o principal fundador da "primeira" escola de samba, a Deixa Falar. Em sua minuciosa biografia de Noel Rosa, João Máximo e Carlos Didier comentam: "Sempre querendo conhecer o que produzem estes sambistas de morro, trocar informações com eles, somar experiências, Noel segue peregrinando. Salgueiro, Mangueira, outros morros. Faz expedições aos subúrbios, ouvidos atentos" (Máximo & Didier, 1990: 204).

É preciso lembrar que essas expedições acompanhavam a transformação da cidade, tanto em seu crescimento para os subúrbios quanto no surgimento de favelas em vários morros. A população pobre começava a viver realmente separada da população rica. Antes de 1930 as classes sociais se misturavam mais desordenadamente no espaço geográfico do Rio de Janeiro. José Ramos Tinhorão se pergunta sobre as razões de o samba "noelesco" ter atingido o gosto "popular" e, mais tarde, a bossa nova não ter tido o mesmo êxito, permanecendo (sempre segundo Tinhorão) como música da classe média. Sua resposta é a seguinte:

> Noel Rosa e seu grupo viviam um tempo em que as classes baixa e média da cidade, embora já suficientemente distanciadas, a ponto de não se confundirem, coexistiam, por dizer assim, em uma mesma área urbana, por efeito da proliferação dos cortiços e das casas de cômodos, que apareciam ao lado das casas das boas famílias (Tinhorão, s/d: 43).

Tal proximidade, porém, não explica muita coisa. A antropologia da vida em grandes metrópoles já nos ensinou que fenômenos culturais diversos podem existir lado a lado sem que se estabeleça nenhum contato entre eles. A curiosidade é necessária para que membros de um grupo passem a frequentar outros grupos, transformando-se naquilo que estou chamando de "mediadores transculturais". E é necessário também um "ambiente" propício, o *campo de possibilidades* a que se refere Gilberto Velho, para que essas trocas de informações intergrupos possam acontecer. Noel Rosa não apenas "caiu no gosto popular", ele também ajudou a definir esse gosto. O caso da bossa-nova é diferente: quando ela apareceu já existia um gosto musical/popular brasileiro definido, com o qual devia ser estabelecido um diálogo. O próprio Tinhorão já afirmou que "a verdade é que, até essa época [1930], a música popular carioca ainda não havia conseguido fixar seus diferentes gêneros" (Tinhorão, s/d: 47).

A "fixação" desses gêneros acontece ao redor do samba de escolas de samba, que passou a ser conhecido como samba de morro.[10] O interessante é que o "autêntico" nasce do "impuro", e não o contrário (mas em momento posterior o "autêntico" passa a posar de primeiro e original, ou pelo menos de mais próximo das "raízes"). O primeiro samba misturou muitas "expressões" musicais, logo foi "amaxixado" e, depois, "depurado" pelos compositores do Estácio. Ismael Silva se

---

10 O sambista e pesquisador Nei Lopes, um dos mais contundentes defensores da "autenticidade" do samba contra qualquer ameaça de "comercialismo" ou "imperialismo", assim resume a história desse gênero musical: "Traçando a linha evolutiva que vem do batuque de Angola e do Congo até o partido-alto, vamos encontrar: a) primeiro, o lundu bailado, dando origem ao lundu puramente canção dos salões imperiais, aos sambas rurais da Bahia e de São Paulo, a um lundu campestre ainda dançado, e a outras manifestações; b) depois, todas essas expressões (com a chula do samba baiano ganhando *status* de manifestação autônoma) confluindo para o que chamaremos de samba da 'Pequena África da Praça Onze', onde o núcleo irradiador foi a casa de Tia Ciata; c) depois ainda, o samba amaxixado da 'Pequena África', dando origem ao samba de morro; d) finalmente, esse samba de morro se dicotomizando em samba urbano (a partir do Estácio), próprio para ser dançado e cantado em cortejo, e em partido-alto, próprio para ser cantado em roda" (Lopes, 1992: 47).

explicou assim a Sérgio Cabral: "O estilo (antigo) não dava para andar. Eu comecei a notar que havia uma coisa. O samba era assim: *tan tantan tan tantan*. Não dava. Como é que um bloco ia andar na rua assim? Aí a gente começou a fazer um samba assim: *bum bum paticumbumpruburumdum*" (Cabral, 1974: 28). O que era uma modificação no samba passou a ser o verdadeiro samba. Numa discussão entre Donga e Ismael Silva, este dizia que *Pelo telefone*, composição "de" Donga, não era samba e sim maxixe; e aquele dizia que *Se você jurar*, composição de Ismael Silva, não era samba e sim marcha. Quem tem a verdade do samba? Verdade, raiz: esse não é o mistério de qualquer tradição? Toda tradição não exige sempre a formação de "hermeneutas" que identifiquem onde ela aparece em sua maior pureza?

Não se pode dizer que as escolas de samba fossem fenômenos puros, mas se criou em torno delas um aparato que defende essa pureza, condenando toda modificação introduzida no samba. Não foi por isso que Paulinho da Viola gravou em 1975 um samba de sua autoria que dizia "Tá legal/Eu aceito o argumento/Mas não me altere o samba tanto assim/Olha que a rapaziada está sentindo falta/De um cavaco, de um pandeiro/Ou de um tamborim"?[11] Quanto é "tanto assim"? O que não pode ser alterado? Quem define o que pode ser alterado? Quem define o verdadeiro ritmo do samba? Uma coisa é certa: a ideia da preservação do samba tem uma força considerável. Tanto que esse é talvez o único gênero da música afro-americana (ao contrário do merengue da República Dominicana, do calipso de Trinidad e Tobago, do són cubano, da cadence da Martinica) que não se misturou, em

---

11 Em entrevista recente, Paulinho da Viola voltou a condenar as transformações pelas quais o samba está passando: "O ritmo do samba ficou comprometido nessa coisa que se chama 'suingue'. Antes, todos tocavam em função de todos. Agora cada ritmista faz o seu solo. Isso compromete o verdadeiro ritmo do samba. No meu modo de ver, a coisa está empobrecida. Eu me surpreendo com a multiplicação dos artistas populares, mas já não é mais possível falar de samba como uma música fechada no tempo. Até há pouco existia a comunidade do samba. Agora não tem mais. Existe uma corrente jovem, que tenta fazer coisas diferentes. Os tempos já são outros" (*O Globo*, Segundo Caderno, p. 1, 10/10/1993).

sua maioria quase absoluta, ao funk norte-americano ou que não adotou instrumentos eletrônicos em suas bandas.

Esse "instinto preservacionista" ou preocupação com a autenticidade do samba já existia há muito tempo. Jota Efegê cita a publicidade de um tal Skating-Rink carioca em 1878 anunciando um show do "verdadeiro samba de boa fama, grande dança baiana executada por quatro engraçadas baianas". Se se falava em verdadeiro samba, interpreta Jota Efegê, era porque "um outro, falso, deturpado, era o correntio" (Efegê, 1980, vol. 1: 171). Pode até ser uma interpretação correta. Mas o fato é que a luta pela preservação do autêntico ganha mesmo terreno logo depois da formação das primeiras escolas de samba. E a "autenticidade" conquista apoio oficial. O primeiro desfile da Deixa Falar, em 1929, tem seu "caminho aberto por uma comissão de frente que montava cavalos cedidos pela polícia militar, e tocava clarins" (Tinhorão, s/d: 82). Quatro anos depois dessa estreia, o desfile de escolas de samba já ganhara ajuda financeira da Prefeitura do Rio de Janeiro e o patrocínio do jornal *O Globo,* que também "formulou um regulamento para o certame, no qual se estabelece a proibição dos instrumentos de sopro e a obrigatoriedade da ala das baianas" (Santos & Silva, 1980: 63). Já em 1935 o desfile passara a constar do programa oficial do carnaval carioca elaborado pela Prefeitura. Seis anos não é um tempo longo para a oficialização de uma prática cultural tão nova. Em 1937 o Estado Novo determinou que os enredos das escolas de samba tivessem caráter histórico, didático e patriótico (ver Matos, 1982). Os sambistas de morro aceitaram a determinação. E o carnaval do Rio, exportado para o resto do Brasil (existem escolas de samba em Manaus e em Porto Alegre), serviu de padrão de homogeneização para o carnaval de todo o país.

A atuação dos governos de Getúlio Vargas (incluindo o período ditatorial do Estado Novo) foi firme em seu apoio, oficial ou não, ao samba e ao carnaval. Em 1932, ao mesmo tempo em que o Teatro Municipal abria as portas para a realização de seu primeiro baile carnavalesco, o interventor no Distrito Federal (Rio de Janeiro), Pedro Ernesto, contemplou com "subvenções mínimas de dois contos de réis" todas "as chamadas Grandes Sociedades (Tenentes do Diabo, Fenianos, Democráticos etc.), todos os ranchos carnavalescos, vários blocos e escolas de samba" (Cabral, s/d: 37), e no desfile de ranchos promovido pelo *Jornal do Brasil*, a escola de samba Deixa Falar apresentou o enredo *A primavera e a Revolução de Outubro* (a revolução de 1930 no Brasil e não a de 1917 na Rússia).

Em 1933, depois de um concerto da Orquestra Típica Brasileira, que tinha Pixinguinha como maestro e foi apresentada por Mário Reis, o ministro Oswaldo Aranha (outro ministro, Maciel Filho, também estava na plateia) declarou aos jornalistas:

> Só posso ter palavras de elogio para o que acabo de ver e ouvir: gente do meu país. Sou dos que sempre acreditaram na verdadeira música nacional. Não creio na influência estrangeira sobre a nossa melodia. Nós somos um povo novo. E a praxe é que os povos novos vençam os antigos. O Brasil, com a sua música nova e própria, há de vencer (Cabral, s/d: 38).

Nessa declaração estão como que condensadas várias ideias do nacionalismo triunfante no país, incluindo suas conotações "populares", o repúdio à influência estrangeira e o elogio da "novidade" (vencedora no futuro) da cultura brasileira. Dois anos depois, em 1935, Villa-Lobos incorporou, numa de suas monumentais apresentações de canto orfeônico, um samba de Ernani Silva, a quem conhecera quando foi assistir a um ensaio da Escola de Samba Recreio de Ramos acompanhado pelo educador Anísio Teixeira. E em 1936 um samba da escola Mangueira foi incluído na edição especial da *Hora do Brasil* transmitida diretamente para a Alemanha nazista. Gostaria de saber qual foi a reação dos ideólogos da "supremacia ariana" (que ainda acalentavam a esperança de algum pacto com o governo brasileiro) diante daquela batucada afro-brasileira. Mas os radialistas brasileiros não parecem ter pensado duas vezes: o samba já representaria a "nossa" cultura em qualquer situação internacional.

O samba carioca já era apresentado como "delícia" nacional a todo visitante ilustre que aqui aportava. A *sauvage* Josephine Baker, em 1929, participou de uma feijoada com samba na Confeitaria Colombo (Efegê, 1980, vol. 2: 191). Em 1941

Walt Disney foi conhecer as escolas de samba, tendo como cicerone Paulo da Portela (Efegê, 1980, vol. 1: 63). Jota Efegê gosta de contar mais um caso pitoresco, o do "famoso pintor japonês" Tzuguharu Fujita, que virou um fanático por samba ao escutar o "ritmo nacional" na casa do futuro acadêmico Múcio Leão, em 1931. Fujita ficou tão encantado com o que ouviu que "articulou com os alunos da Escola Nacional de Belas-Artes um conjunto" (Efegê, 1980, vol. 1: 63). Não deve ter sido o primeiro encontro do pessoal das Belas-Artes com o samba. Nem foi o último: sabemos como artistas "formados" influenciaram o desfile das escolas de samba na condição de carnavalescos.

Enquanto esses estrangeiros se divertiam entre sambistas, Getúlio Vargas convidava Mário Reis e o grupo Bando da Lua, que acompanhou Carmen Miranda, para suas recepções no Palácio do Catete (sua filha Alzira Vargas era amiga de Aloísio de Oliveira, do Bando da Lua). Mais tarde a Exposição Nacional do Estado Novo, realizada em 1939, teve sua agenda musical organizada por Villa-Lobos (que tinha um cargo oficial no governo desde 1932, como diretor da SEMA — Superintendência de Educação Musical e Artística), incluindo apresentações de Francisco Alves, Carmen Miranda, Patrício Teixeira, Almirante, o regional de Benedito Lacerda e Donga etc., além de um espetáculo folclórico com jongo, cateretê, pastoril, "terminando com uma apresentação das principais escolas de samba cariocas" (Cabral, s/d: 40) — o que mostrava que o samba ainda era visto como folclore brasileiro. Em 1940 o mesmo Villa-Lobos participava dos ensaios do Sodade do Cordão, no morro do Quitungo (Irajá, subúrbio do Rio de Janeiro), bloco patrocinado pelo Departamento de Imprensa e Propaganda (DIP), o órgão de censura do Estado Novo (ver Mariz, 1989: 34/35). Como se vê, o interesse oficial pelo samba e pelas "coisas brasileiras" era mais do que explícito. O aparelho governamental da "Era Vargas" esteve muito envolvido com o progresso da nacionalização do samba, desde o morro à Exposição Nacional.

O samba, em pouco tempo, alcançou a posição de música nacional e colocou em plano secundário os outros gêneros "regionais". Por exemplo: em 1932 a dupla Jararaca e Ratinho (ex-componentes dos Turunas Pernambucanos) juntou-se ao dançarino de maxixe Duque, a Pixinguinha e à atriz Dercy Gonçalves para criar, na praça Tiradentes do Rio de Janeiro, a Casa do Caboclo, também chamada de "casa da canção nacional". O cenário do primeiro espetáculo ali apresentado era uma casa caipira. Em 1935 o palco já era ocupado pela peça *Reino do samba* (ver Rodrigues, 1983).

A vitória do samba era também a vitória de um projeto de nacionalização e modernização da sociedade brasileira. O Brasil saiu do Estado Novo com o elogio (pelo menos em ideologia) da mestiçagem nacional, a Companhia Siderúrgica Nacional, o Conselho Nacional do Petróleo, partidos políticos nacionais, um ritmo nacional. Na música popular, o Brasil tem sido, desde então, o Reino do Samba.

8
LUGAR NENHUM

O dia 5 de julho de 1940 (poucos meses depois do desfile do bloco Sodade do Cordão, patrocinado pelo DIP) foi uma data sombria na vida de Carmen Miranda. Depois de seu grande sucesso nos Estados Unidos, depois de ter cantado até na Casa Branca para o presidente Franklin Roosevelt, ela voltou a se apresentar no Cassino da Urca, Rio de Janeiro, o palco principal do show business brasileiro daquela época. A expectativa era de uma recepção consagradora, algo que repetisse a aclamação popular de que Carmen foi alvo ao desembarcar do navio que a trouxe de Nova York para o Brasil. Mas a reação do público durante o show, que continha novas músicas em inglês, foi de uma frieza e desaprovação bastante significativas, que depois se transformaram na célebre acusação de "falsa baiana". Carmen se retirou para o camarim chorando, mas já buscando uma forma de responder às críticas da elite carioca.

A resposta se tornou pública poucas semanas depois daquele show, que foi cancelado logo após a estreia, quando Carmen lançou o samba *Disseram que eu voltei americanizada*. Essa música pode ser considerada profética, pois daí em diante o problema da "americanização" vai se tornar cada vez mais central, não só para o debate sobre a "identidade brasileira", como também para a crítica do "imperialismo cultural", ou do "colonialismo cultural" em todo o mundo. A "americanização" de Carmen era um caso pioneiro (depois da acusação a *Carinhoso*, de Pixinguinha), e por isso escandaloso. Mas casos como esse iriam se tornar rotina.

Carmen Miranda pode ser considerada a estrela mais internacional (talvez só comparável a João Gilberto e Antônio Carlos Jobim, os criadores da bossa nova, cuja "brasilidade", como veremos, também já foi motivo de debates), que a música brasileira já produziu. Essa internacionalidade foi conquistada com uma preocupação obsessiva em se afirmar como brasileira, como representante da cultura brasileira. Carmen, que era portuguesa de nascimento e nunca conseguiu obter um passaporte brasileiro, "inventou"[1] uma imagem do Brasil para ser vendida no exterior. Essa imagem, com suas bananas e balangandãs, surgiu no momento em que o "paradigma mestiço", divulgado principalmente por Gilberto Freyre, como já vimos, tornava-se hegemônico no debate sobre a identidade brasileira.

Branca europeia, Carmen Miranda não via nenhuma contradição em se vestir de baiana (usando a roupa "típica" das negras da Bahia[2]), ou em cantar ou dançar samba (música de origem negro-africana). Seu projeto (ela disse: "Olhem para mim e vejam se eu não tenho o Brasil em cada curva do meu corpo") era ser brasileira e nele estava incluída a utilização tanto do traje de baiana quanto do samba, já transformados em símbolos da brasilidade, em símbolos da nacionalidade "mestiça". Esse projeto não despertava críticas, e era até visto como algo corriqueiro no início da carreira de Carmen, nos anos 1920. Mas com a consolidação do samba como música nacional (e com a definição da brasilidade mestiça) recrudesceram as cobranças de coerência "sambista".

A denúncia da "americanização" de Carmen Miranda mostrava que existia no Brasil de 1940 um movimento difuso que defendia a correta utilização desses novos símbolos nacionais. A mistura do samba com a música norte-americana, por exem-

1 Na verdade, foi uma invenção coletiva, na qual colaboraram muitos artistas, incluindo, por exemplo, o compositor Dorival Caymmi, que ensinou a coreografia baiana a Carmen Miranda (ver Risério, 1993: 31).

2 Que depois foi "oficializada" como o traje típico da "Miss Brasil" em concursos de beleza internacionais.

plo, não podia ultrapassar determinados limites. Já existia uma autenticidade a ser preservada no campo da cultura popular brasileira. Mas quem separava aquilo que é "verdadeiramente" brasileiro do que foi corrompido pela americanização ou por qualquer outro internacionalismo?

Neste capítulo pretendo apenas citar alguns (quero frisar bem: são apenas alguns poucos) dos debates que envolveram a defesa do samba ou a defesa da música "realmente brasileira" contra "ameaças" de descaracterização dos "nossos verdadeiros valores culturais", valores que foram definidos no momento de criação do paradigma mestiço (que envolvia a transformação do samba em música brasileira por excelência). Não é meu objetivo aprofundar a análise de cada um dos debates (o que poderia ser tema de outro livro). Quero apenas apontar, o mais brevemente possível, alguns dos efeitos (reações, desenvolvimentos) mais contemporâneos da valorização das "coisas brasileiras", alçadas à condição de símbolos nacionais em torno dos anos 1930.

Um efeito não desejado, ao menos pelo que é possível perceber, por exemplo, nos argumentos cosmopolitas de um Gilberto Freyre ou de um Afonso Arinos, foi a cristalização do samba — principalmente o chamado "samba de morro" — numa fórmula musical que passou a ser preservada a todo custo por nacionalistas. Quando a bossa nova surgiu, no final dos anos 50, muitos defensores da "verdadeira brasilidade" do samba atacaram essa nova música como se fosse uma traição à pátria. O crítico musical José Ramos Tinhorão, com o seu reconhecido radicalismo na defesa da "música brasileira", resume bem as ideias dos opositores[3] da bossa nova:

> O movimento chamado de bossa nova a partir de 1958 veio finalmente agravar essa quebra de tradição [iniciada pelo samba-bolero e o samba-canção dos anos 1940],

3 Em momento algum pretendo utilizar as ideias citadas a partir de agora como se fossem exemplos de uma tendência geral ou majoritária dentro do debate cultural brasileiro. São apenas ideias de determinados grupos. Mesmo assim, o fato de elas terem sido divulgadas, em larga escala e em muitas ocasiões, mostra que não são idiossincráticas, mas parte importante desse debate.

> aprofundando a influência do jazz *be-bop*, ao mesmo tempo que modificava a batida tradicional do samba, através de uma espécie de esquematização destinada a transformar esse gênero de música popular carioca no âmbito da classe média numa pasta sonora, mole e informe (Tinhorão, s/d: 48/49).

Em outro texto, Tinhorão afirmou que a bossa nova foi criação de "um grupo de moços" que "rompeu definitivamente com a herança do samba popular, modificando o que lhe restava de original, ou seja, o próprio ritmo" (Tinhorão, 1986: 231).

Do outro lado desse debate, os defensores da bossa nova também usavam argumentos nacionalistas. Caetano Veloso, em texto escrito em 1965-66 (quase como uma resposta a José Ramos Tinhorão), diferenciava a música de João Gilberto e Antônio Carlos Jobim daquela de "artistas como Johnny Alf, Dick Farney". As composições desses últimos corresponderiam "a uma alienação da classe média subdesenvolvida cuja meta é assemelhar-se à sua correspondente no país desenvolvido dominante" (Veloso, s/d: 3). Mas não aconteceria o mesmo com a bossa nova: "João Gilberto é, de todos os tempos, o intérprete brasileiro que melhor compreende a bossa, esse mistério que habita o sambista, e melhor pode jogar com ela" (Veloso, s/d: 8). Para fazer tal afirmação, Caetano já sabia que era necessário relativizar a ideia de "tradição do samba", revelando tudo que ela continha de construção cultural:

> Se acompanharmos a evolução do samba até onde nos agrada e o cristalizarmos num momento que nos parece definitivo, poderemos nos ater ao samba de roda da Bahia e renegar até o mais primitivo partido-alto carioca. Reagindo contra a possível inautentificação do samba, muitos se voltaram para o morro e alguns acreditaram que somente lá ele existe realmente: Carlos Lyra fez um samba sobre o assunto e foi compor com Zé Kéti e Cartola. Entretanto o samba há muito que deixou de se restringir à Bahia. E ninguém pode acusar de boa-fé Ary Barroso de uma apropriação indébita por expressar-se em samba sem ter vivido no morro e sem ser semianalfabeto (Veloso, s/d: 5).

Caetano acabou também sendo acusado de alienado e traidor da música brasileira ao interpretar suas canções acompanhado por guitarras elétricas nos festivais de música do final dos anos 1960, quando iniciou (junto com outros artistas, como Gilberto Gil) outro "movimento" musical, conhecido como tropicalismo. Em entrevista à revista *Manchete*, em 1967, polemizava: "Algumas pessoas ficaram histéricas quando ouviram *Alegria, alegria* com arranjo de guitarras elétricas. A estes, tenho a declarar que adoro guitarras elétricas. Outros insistem que devemos nos folclorizar. (...) Ora, sou baiano, mas a Bahia não é só folclore. E Salvador é uma cidade grande. Lá não tem apenas acarajé, mas também lanchonetes e *hot dogs*, como em todas as cidades grandes" (Veloso, s/d: 23).

Gilberto Gil descrevia assim, em 1968, as pessoas que reagiram ao uso do rock e das guitarras elétricas por parte do tropicalismo: "Sabia o tipo de gente que estava lá: jovens ligados ao movimento universitário, com um condicionamento ideológico ante a música, uma turma comprometida com chavões sociais" (Gil, 1982: 33). O tropicalismo lutava contra esses chavões: "era preciso desmistificar aquela coisa nazista no sentido isolado e aquela abstração no sentido nacional de brasilidade" (Gil, 1982: 35). O poeta concretista Augusto de Campos, em artigo de 1967, fazia a defesa dos tropicalistas contra

> a crise de insegurança que, gerando outros preconceitos, tomou conta da música popular brasileira e ameaçou interromper a sua marcha evolutiva. Crise que se aguçou nos últimos tempos, com a sintomatologia do temor e do ressentimento, ante o fenômeno musical dos Beatles, sua projeção internacional e sua repercussão local na música da jovem guarda (Gil, 1982: 19).

Augusto de Campos compara a situação dos tropicalistas àquela enfrentada pelos criadores da bossa nova: "Tivessem esses renovadores dado ouvidos aos conselheiros de então, que advertiam sobre os perigos de ser desafinado, e só viam na bossa nova a jazzificação da nossa música, e continuaríamos até hoje exportando 'macumba para turistas', como diria Oswald." E conclui seu artigo com um apelo: "Deixemos nossa música andar. Sem peias e sem preconceitos ["supostamente 'nacionalistas'"]. Sem lenço e sem documento" (Gil, 1982: 23).

Um apelo parecido com esse foi musicado por Gilberto Gil, em 1985, em seu sucesso radiofônico chamado *Roque Santeiro, o rock*: "Deixa ele tocar o rock." No restante da letra, Gil revela a que rock está se referindo: são citados textualmente Lobão, Paralamas, Ultraje a Rigor e Titãs, todos eles nomes de grupos ou de cantores que se tornaram estrelas do cenário musical brasileiro durante os anos 1980. Com quem Gilberto Gil está falando? Existe alguém que não quer deixar que ele toque o rock?

A canção *Roque Santeiro, o rock* foi lançada, como já falei, em 1985, justamente o ano em que se realizou o festival Rock in Rio, talvez o momento de exposição máxima do rock na mídia brasileira. O evento provocou muitas reações em defesa da "verdadeira" música brasileira contra a "invasão" do rock. Os nacionalistas encontravam aliados em muitas frentes, não importando se eram politicamente "progressistas" ou "conservadores". D. Mauro Morelli, bispo de Duque de Caxias, sintetizou com a seguinte declaração (publicada na *Folha de S. Paulo*, em 24/11/84, portanto há pouco menos de dois meses do Rock in Rio) vários dos argumentos mais repetidos pelos defensores do "nacionalismo": "Nós todos [referindo-se aos bispos do Estado do Rio de Janeiro, incluindo a ala "conservadora" de D. Eugênio Sales] concordamos que o festival de rock traz em si duas questões que o desaconselham. Sob o ponto de vista social, e na minha opinião este é o aspecto mais importante, ele é alienante na medida em que desvia a juventude e a sua força dos graves problemas que afetam o país neste momento. (...) O outro aspecto é cultural. Que contribuição traz para a cultura brasileira uma manifestação como esta, toda importada e que não valoriza a nossa própria cultura?"

Esse tipo de argumentação não deve ser considerado propriedade de uma minoria inexpressiva. Ao contrário: as críticas ao rock estão disseminadas por vários segmentos da sociedade brasileira e reaparecem com frequência razoável na imprensa do país. Desde 1982, ano em que se popularizou o rótulo rock brasileiro[4] e que dá início a um período de grande

---

4 Grupos de rock compostos por brasileiros atuam no país desde meados dos anos 1950, tendo inclusive alcançado grande sucesso comercial nos

sucesso para os novos grupos cuja música assim foi rotulada (tendo como marco inicial o lançamento do compacto que continha *Você não soube me amar*, do grupo Blitz), a pregação nacionalista adquiria novamente vigor e espaço, mais ou menos generoso dependendo do órgão de imprensa, para ser emitida.

O rock brasileiro foi chamado de "produto artificial" (vide artigo de José Nêumanne Pinto no *Jornal do Brasil* de 25/10/83, Caderno B, p.2) ou foi considerado "a expressão de um povo sufocado pelos trustes internacionais" que "procuram dificultar o consumo de formas autenticamente brasileiras pelas grandes massas urbanas" (como diz o sambista Nei Lopes no *Jornal do Brasil* em 25/05/85, Caderno B, p. 8).

Do outro lado (na verdade, nesses debates existem muito mais "lados" do que o pró e o contra), os defensores do rock também eram numerosos. Gilberto Gil, para continuar com esse exemplo, reconheceu a paternidade do tropicalismo com relação ao rock brasileiro em entrevista ao programa *Conexão nacional*, exibido na Rede Manchete de Televisão em 1985:

> Sou coruja. É preciso não esquecer que a gente de certa forma abriu muito espaço para esse pessoal. O tipo de briga que a gente teve com a tropicália, o serviço de tratoragem, de revolver terra, é um trabalho que ofereceu terreno pra esse pessoal todo. A gente fica um pouco assim dizendo: puxa vida, olha aí o tropicalismo, olha as questões que a gente defendia, as brigas que a gente tinha com o tropicalismo. A gente imaginava que era assim que as coisas deveriam estar por volta de 1985.[5]

José Ramos Tinhorão também aponta o "serviço de tratoragem" que o tropicalismo fez para o rock brasileiro, só que com outra interpretação:

---

anos 1960, com a chamada Jovem Guarda de Roberto e Erasmo Carlos. Mas o rótulo "rock brasileiro" só se popularizou nos anos 1980.

5 Nessa mesma entrevista, Gil falou sobre os "efeitos" do rock na sociedade brasileira: "Você pode dizer: não, mas é terrível, acaba com a música brasileira, acaba com a cultura brasileira, acaba com a alma brasileira, acaba com a economia brasileira, a língua brasileira, tudo, aliena. É verdade. Mas ao mesmo tempo está acabando com uma tal cultura brasileira e está criando uma outra tal."

> (...) o tropicalismo (...) não deixou de cumprir seu papel de vanguarda do governo de 1964 na área da música popular: rompidas as resistências da parte politicamente consciente da classe média universitária, que tentava a defesa de uma música de matrizes brasileiras, as guitarras do *som universal* puderam completar sua ocupação do mercado brasileiro. E assim, a partir da década de 1970, em lugar do produto musical de exportação prometido pelos baianos com a "retomada da linha evolutiva", institui-se nos meios de comunicação e da indústria do lazer, definitivamente, a era do *rock*. O qual, aliás, muito tropicalisticamente, o espírito satisfeito dos colonizados passaria a chamar, a partir da década de 1980, de *rock brasileiro* (Tinhorão, 1986: 267).

A visão do Brasil contida nas letras do rock brasileiro dos anos 1980 não pode ser rotulada de nacionalista ou patriótica. Elas montam um retrato pessimista, sem nenhuma sutileza, da nação:[6] "nas favelas, no senado, sujeira pra todo lado" (*Que país é este*, 1987, Legião Urbana); "e agora você quer um retrato do país, mas queimaram o filme, e enquanto isso na enfermaria todos os doentes cantam sucessos populares e todos os índios foram mortos" (*Mais do mesmo*, 1987, Legião Urbana); "desempregado, despejado, sem ter onde cair morto, endividado sem ter mais com que pagar, esse país, esse país que alguém disse que era nosso" (*Perplexo*, 1989, Paralamas do Sucesso); "sinto um imenso vazio e o Brasil, que herda o costume servil, não serviu para mim — terra linda, sofre ainda a vinda de piratas, mercenários sem direção, que até eu mesmo sei quem são" (*Juvenília*, 1985, RPM); "mais uma briga de torcidas, acaba tudo em confusão, a multidão enfurecida queimou os carros da polícia, os preços fogem do controle, mas que loucura essa nação" (*Desordem*, 1987, Titãs); "a gente não sabemos escolher presidente, a gente não sabemos tomar

6 Para facilitar as citações, não respeitarei a métrica dos versos de cada letra.

conta da gente, a gente não sabemos nem escovar os dentes, a gente pede grana e não consegue pagar, a gente somos inútil" (*Inútil*, 1985, Ultraje a Rigor).

Ironia, desprezo, desencanto, horror: não existe qualquer elogio à pátria em qualquer das letras mencionadas. Não existe nada como o samba de exaltação às maravilhas da raça ("Eu só pé, eu sou chão, eu só pó, eu sou poeira, sou filha desse torrão, eu sou a raça brasileira": assim canta Elaine Machado em *Raça brasileira*, de 1985, música do disco *Raça brasileira*, coletânea de sambistas surgidos nos anos 1980 — auge da febre rock — que deu início ao primeiro *boom* comercial do pagode). Não existe motivo para orgulho, talvez só para consternação ou piedade. O roqueiro, em muitos momentos, tem consciência de que também é parte dessa "mistura" que faz do Brasil brasil. A música que torna mais claro esse envolvimento do compositor de rock com a "loucura" da nação é *Brasil* (1988), de Cazuza: "Grande pátria desimportante, em nenhum instante eu vou te trair." E ainda: "Brasil, mostra a tua cara, quero ver quem paga pra gente ficar assim, Brasil, qual é o teu negócio, o nome do teu sócio, confia em mim."

Outros compositores não mostram nenhum envolvimento com o desatino nacional. Alguns questionam o próprio sentido do conceito de identidade, até duvidando da existência de uma cara para o Brasil. Os Titãs são o grupo que tomou a posição mais radical nesse debate, com a música *Lugar nenhum* (1987): "Não sou brasileiro, não sou estrangeiro, não sou de lugar nenhum." E ainda: "Nenhuma pátria me pariu." Talvez seja a declaração mais esperada de se ouvir na boca de quem faz rock no Brasil.

É interessante comparar essas letras do rock brasileiro com aquelas dos vários novos estilos de música popular surgidos na Bahia durante os anos 1980 e que acabaram se transformando em moda nacional em 1992-3 (vide o caso da cantora Daniela Mercury). O sucesso dessa música popular baiana (principalmente a música dos trios elétricos e dos blocos afros) pode ser pensado também como a criação de um mercado regional de discos (semelhante aos mercados — fortalecidos a partir dos anos 1970 — do forró em todo o Nordeste, e da lambada na Região Norte — tendo a cidade de Belém como centro) que praticamente não depende do eixo Rio/São Paulo, onde estão concentradas as grandes gravadoras multinacionais e as sedes dos grandes meios de comunicação eletrônica. As letras refletem essa regionalização mercadológica. Se podemos ouvir alguns arroubos (pois a música dos trios elétricos é preferencialmente otimista, ao contrário do pessimismo do rock) nacionalistas, como em *Fé brasileira* (1987) do grupo Chiclete com Banana ("Verde e amarelo, tenho a fé brasileira, sei o que quero, tenho a minha nação"), chegamos logo à conclusão de que o alvo principal da exaltação musical é a beleza do baiano e da cidade de Salvador. São variações em torno de "toda a cidade brilha" e de "toda essa gente irradia magia", como aparece em *É d'Oxum* (1985), composição de Gerônimo e quase um hino dos últimos carnavais baianos.

Um capítulo à parte (ou um livro à parte) poderia ser escrito sobre as letras dos chamados blocos afros, como Olodum, Muzenza, Ara Ketu e Ilê Aiyê. Nessa música, que até recentemente era feita apenas com percussão acústica e voz (ao contrário do barroco eletrônico dos trios elétricos, que têm uma formação parecida com a de uma banda de rock, isto é, guitarra, baixo, bateria, teclados eletrônicos e percussão), os temas privilegiados são a cultura negra e africana. Os blocos afros inventam outra resposta, diferente da(s) do rock brasileiro, para a pergunta sobre o que é ser brasileiro hoje. A brasilidade de sua música parece mesmo não ser grande fonte de preocupação para os componentes de um grupo musical que pode se intitular Banda Reggae Olodum ou Bloco Afro Olodum. A própria escolha das palavras reggae e afro para definir seu tipo de atividade musical e carnavalesca já denuncia pretensões cosmopolitas. Mas aqui encontramos um cosmopolitismo bem diferente daquele dos roqueiros brasileiros. Os blocos afros redefinem a visão de mundo e o estilo de vida cosmopolitas a partir de outra perspectiva e dentro de outro contexto: aqueles ligados política e culturalmente às noções de negritude e de Terceiro Mundo.

Essas noções, tal como são utilizadas, por exemplo, pelos integrantes do Olodum, não são excludentes, como pode parecer à primeira vista, tanto em termos de quem pode participar do Olodum (pois qualquer pessoa, independente de raça, pode desfilar com o bloco), quanto de que ingredientes musicais podem ser misturados em suas composições. Como acontece com várias outras noções já analisadas neste livro, a negritude e o terceiro-mundismo do Olodum têm grande fluidez, adquirindo significados e pesos diferentes em situações e momentos diversos de suas atividades. O Olodum, apesar das aparências, pode ser muito mais aberto a diferenças (sejam elas não negras e não terceiro-mundistas, ou de qualquer outro tipo) do que uma banda de rock. O Olodum insiste em se propagandear como a maior democracia racial do planeta.

É incorreto até mesmo classificar o bloco afro como grupo musical. O Olodum, para insistir no exemplo, inclui um grupo musical, mas suas atividades (do Olodum em geral e de seus integrantes mais diretamente identificados como músicos) também compreendem a produção de peças teatrais, a manutenção de uma loja (que vende livros, jornais e roupas da grife Olodum) e a organização de debates e seminários sobre os mais diversos assuntos. Sua sede fica localizada no largo do Pelourinho, em Salvador, bairro até então — antes de sua "reforma" — pauperizado (apesar de tombado pelo Patrimônio Histórico Nacional e de ser ponto de visita obrigatório para os turistas que passeiam pela capital baiana), que teve com o Olodum sua recriação como comunidade. Esse grupo inventou (principalmente através das canções) um novo orgulho de viver naquela área abandonada pelas políticas sociais da cidade.

O Olodum seria mais apropriadamente chamado de grupo cultural (ou parte integrante de um movimento social que engloba as entidades negras de Salvador), porém é mais conhecido como bloco afro, por ter se destacado em seus desfiles durante o carnaval de Salvador. A expressão "bloco afro" adquiriu popularidade no final dos anos 1970 e início dos anos 1980. O primeiro bloco afro foi o Ilê Aiyê, formado no bairro da Liberdade, outra grande concentração negra e popular da capital baiana (segundo Antônio Risério, seus fundadores frequentavam os bailes soul de Salvador — ver Risério, 1981: 31-2). Ficou conhecido em todo o Brasil quando Gilberto Gil gravou e lançou com grande sucesso, em 1977, a música *Ilê Aiyê*, cuja letra continha os seguintes versos: "Branco, se você soubesse/ O valor que preto tem/ Tu tomava banho de piche/

Ficava preto também." A tematização, com tal franqueza, da questão do orgulho negro e da discriminação racial existente no Brasil logo provocou polêmicas. A resolução do Ilê Aiyê de só permitir o ingresso, para o desfile no carnaval, de pessoas negras (e tinham que ser bem negros: conheço a história de mulatos que foram barrados — o que mostra uma classificação racial diferente da norte-americana, na qual os mulatos são identificados como negros) foi muito discutida e criticada, por membros da elite branca (ou mulata clara) baiana, como racismo.

O exemplo do Ilê Aiyê foi seguido, com variações mais ou menos significativas, na criação de vários outros blocos afros em Salvador. Discutirei mais o caso do Olodum, pois foi o bloco que inventou o samba-reggae, ritmo que coloca novos problemas para o tema principal deste livro, que é a invenção do samba como música nacional brasileira. Como vimos, nas palavras de Paulinho da Viola citadas no último capítulo, os sambistas cariocas (excluindo talvez os da novíssima geração, partidários do que ficou conhecido como "suingue") consideram-se guardiães da tradição do samba, condenando qualquer tipo de mudança mais substancial no gênero. Os sambistas dos blocos afro-baianos não têm esse tipo de preocupação, e misturam o samba tanto com o reggae como com outros ritmos afro-caribenhos (tudo no limite de seu cosmopolitismo negro).

João Jorge, diretor cultural do Olodum, resumiu (em entrevista que fiz com ele em 1988) a ideologia do Olodum da seguinte maneira: "O Olodum é muito marginal. Marginal no sentido de não ter grandes heranças filosóficas e musicais. Então nós somos pós-modernos, pós-punk, pós-yuppie, pós-tropicalistas." Em outro momento dessa entrevista, João Jorge definiu a musicalidade do Olodum com palavras que poderiam deixar Gilberto Freyre confiante no acerto de seu diagnóstico para a cultura brasileira:

> Nós somos a síntese. Só é possível ser brasileiro se puder ser a síntese, a síntese de um conjunto amplo de cores, de povos, de línguas, de costumes, de culturas. E essa música só pode ser brasileira, nova, velha, atual, passada, se ela puder ser essa síntese, se ela não excluir, não for excludente.

Essas palavras poderiam ser surpreendentes levando-se em conta o papel de João Jorge como integrante do movimento negro baiano. Seria possível esperar um discurso excludente, sobretudo com relação à elite branca. Mas não é isso que acontece. Nem musicalmente, a meu ver, o Olodum está preocupado com autenticidade, ou preservação da "verdadeira" cultura brasileira ou baiana. Essas características são invisíveis para muitos críticos norte-americanos que recomendam, desde que o Olodum participou de um disco do cantor Paul Simon, os shows e discos do bloco afro-baiano para seus leitores. Uma outra interpretação, para "gringo" ver (e principalmente para gringo interessado nos problemas do Terceiro Mundo, e com sentimento de culpa por uma hipotética ocidentalização do planeta), é construída, transformando o Olodum na mais autêntica pureza brasileira. Na revista *Spin*, uma das mais importantes fontes de informação musical para a juventude norte-americana, o crítico Larry Birnbaum define a música do Olodum como "um hipnótico cruzamento do samba pop despido até sua essência crua com os cânticos rituais dos cultos iorubanos do candomblé". Nem sombra de menção ao reggae: talvez por desinformação, mas certamente com a "boa intenção" de preservar a "essência crua", algo visto de forma positiva pelo jornalista. No jornal *New City*, de Chicago, o empolgado crítico chega a citar os ritmos caribenhos, mas faz isso de forma curiosa: "Acordes lembram as raízes do hip-hop, calipso, merengue etc." As semelhanças notadas pelo jornalista são jogadas para o terreno confortável (para quem procura a pureza) das raízes históricas comuns. Não parece possível, para o crítico do *New City*, que os músicos do Olodum possam ter acesso a discos de reggae e tentar copiar o que escutam.

Os ritmos transculturais do Olodum conquistaram todo o Brasil (mas primeiro conquistaram as bandas dos trios elétricos, de onde saiu uma cantora como Daniela Mercury) em 1991. Nesse ano e em 1992, o Olodum se apresentou nas principais casas de espetáculos musicais das grandes cidades brasileiras. A música baiana, depois da música sertaneja, já havia ultrapassado o rock brasileiro em matéria de vendas de discos e popularidade nacional. Os grupos iniciantes de rock voltaram a sobreviver num circuito *underground* (como os próprios roqueiros gostam de chamar) que inclui pequenas casas noturnas e gravadoras independentes.

Esses novos grupos já são bem diferentes de seus antecessores do rock brasileiro dos anos 1980. Um marco em suas trajetórias foi o sucesso mundial da banda mineira Sepultura (que agora lota estádios até na Indonésia), com discos gravados inteiramente em inglês, no gênero musical trash (ou speed) metal. A revista musical *Bizz* (ano 9, nº 5), fazendo um balanço dos discos lançados por "artistas novos" entre janeiro de 1992 e maio de 1993, chegou aos seguintes números: foram lançados 188 trabalhos de novos nomes, dentre os quais 110 eram cantados em inglês (p. 29). Essa quantidade de lançamentos em inglês é uma novidade na história da música popular brasileira e mesmo na história do rock brasileiro. No Brasil não se repetiu o padrão constatado pela pesquisa comparativa, realizada pelos etnomusicólogos Krister Malm e Roger Wallis, sobre o funcionamento da indústria fonográfica (e a penetração da música "ocidental") em 12 países de todos os continentes intitulada *The music industry in small countries*. Malm e Wallis apontam alguns dos traços comuns do material coletado nessa pesquisa:

> Quando o movimento de música sueca explodiu em torno de 1970, milhares de grupos subitamente começaram a cantar na sua própria língua. O mesmo processo ocorreu no País de Gales (...) O primeiro disco pop cantado em sinhala foi lançado no Sri Lanka em 1969. Durante os anos 1970 a Jamaica experimentou a transição do rock steady para o reggae. O Quênia estava produzindo os primeiros discos do pop lou. Outras variantes tribais se seguiram durante a década. As bandas tanzanianas de jazz estavam desenvolvendo suas próprias versões em suaíli da música popular do Leste Africano. Depois de quase uma década copiando os Beatles, Elvis ou Chubby Checker, músicos das "pequenas" nações começaram a desenvolver suas próprias formas nacionais de música popular. Cantar na sua própria língua ou dialeto era uma mudança significativa, pois introduzia um novo elemento comunicativo entre o músico e o ouvinte (Wallis & Malm, 1990: 179).

O esquema de Wallis e Malm parece funcionar por décadas. Uma década depois da invasão da música estrangeira, os cantores locais começam a cantá-la em suas próprias línguas ou a misturá-la com tradições locais. Outros dez anos são necessários para que as inovações transculturais (Wallis e Malm definem transculturação como "um processo através do qual elementos da música e da tecnologia musical difundidos pela indústria transnacional são incorporados à música local"[7] — Wallis & Malm, 1990: 179) sejam assimiladas pelas elites locais: "Durante os próximos dez anos essas formas locais de pop e rock passam a ser aceitas, primeiro pelo público juvenil e, então, gradualmente, pelas autoridades governamentais e pelas mídias de massa nacionais" (Wallis & Malm, 1990: 179).

Se esse esquema é realmente uma regra geral, o caso brasileiro é uma exceção. O rock no Brasil desde o início foi cantado, em sua maioria quase absoluta, em português. O rápido sucesso da Jovem Guarda, criado com toda a ajuda da televisão e do rádio, também mostra que as mídias de massa brasileiras não demoraram muito para aceitar o rock nacional. E só hoje temos um número grande de roqueiros que preferem cantar em inglês.

A tendência para o inglês, contudo, não é a única existente no atual rock brasileiro. O panorama roqueiro (seria possível falar a mesma coisa do panorama sambista, ou do panorama sertanejo etc.) dos anos 1990 é muito mais complexo do que o de meados dos anos 1980, com inúmeras subdivisões estilísticas (metal, industrial, hardcore etc.) que muitas vezes não têm nenhum contato entre si. Outra tendência que está se tornando cada vez mais forte é a da mistura desses estilos internacionais do rock com alguma "tradição" musical brasileira. É o caso, entre inúmeros exemplos, da banda brasiliense Raimundos, que já conquistou numerosa legião de fãs com sua mistura de trash e hardcore com forró (seus componentes são filhos de nordestinos que foram morar em Brasília). Outro exemplo é o da banda recifense Chico Science & Nação Zum-

7 E a repercussão do reggae jamaicano em todo o mundo mostra que esse processo não tem apenas a mão única do Primeiro para o Terceiro Mundo.

bi, uma mistura de raças/classes sociais (de seus integrantes) e estilos musicais (metal, rap, maracatu, ciranda), que mais parece uma versão pós-moderna da obra de seu conterrâneo Gilberto Freyre. A ideia de produzir tal mistura (já conhecida como "mangue beat") partiu dos componentes mais brancos, e mais de classe média, da banda. Eles tiveram que convencer os integrantes mais negros e mais pobres (que antes faziam parte de um bloco afro de Recife, imitando a música do Olodum) a aprender a tocar os ritmos "verdadeiramente" pernambucanos.

Nessas misturas de rock com elementos musicais brasileiros, não parece existir interesse em autenticidade ou identidade nacional. Como já analisou, em 1986, a jornalista Ana Maria Bahiana, veterana crítica de rock no Brasil:

> Não se trata, propriamente, de uma "busca de raízes" nem de um "mea culpa" coletivo por parte dos roqueiros; nem mesmo de um projeto de síntese, como já aconteceu em outros momentos. A julgar pelo que dizem, pelo que tocam e criam, e pelo que imaginam, estamos diante, sim, de um novo atalho num velho caminho: um estado de estafa e tédio musicais superado pela busca de novos alimentos e ideias (*O Globo*, 08/04/1986, Segundo Caderno, p.1).

Não há um projeto de "nacionalização". Nem uma complexa rede de relações transculturais, como a que produziu a transformação do samba em música nacional por volta de 1930, na base dessas novas fusões. Salvo engano, o que parece existir é uma multidão de grupos diferentes com projetos culturais diferentes, sem preocupação com unidades de qualquer espécie. Relembrando as palavras já citadas de Paulinho da Viola: não há mais comunidade do samba. Mas também não há comunidade do rock ou do samba-reggae. Será que isso significa também o fim do "paradigma mestiço", daquela identidade nacional produzida com tanto cuidado e esforço por tantos grupos interessados nas "coisas brasileiras"? O que ainda pode assegurar a unidade (mesmo que seja apenas musical) da pátria?

CONCLUSÕES

> Há duas maneiras de se integrar sistemas. Uma é impor padrões uniformes. O que é motivo para grandes debates. A outra é não integrar, não ter padrões integrativos, mas sim valer-se de adaptadores inteligentes.
>
> Alvin Toffler

No carnaval de 1994, o enredo da Mangueira, talvez a escola de samba mais respeitada pelos advogados da "autenticidade", foi uma homenagem aos músicos baianos Gilberto Gil, Caetano Veloso, Gal Costa e Maria Bethânia. Por uma interessante coincidência o tema do carnaval do Olodum foi o tropicalismo. Estaria a Mangueira deixando de lado a "pureza" do samba para se aproximar da "geleia geral" dos inventores tropicalistas e pós-tropicalistas (como se autodefine o diretor cultural do Olodum) baianos? Mais uma vez o Rio de Janeiro tenta inventar um novo Brasil homenageando a Bahia? Qualquer conclusão não deve ser precipitada. O Olodum pode cantar, numa das músicas feitas para 1994 (os blocos afros não têm um único samba-enredo como as escolas de samba do Rio de Janeiro), que "Olodum tá hippie, Olodum tá pop, Olodum tá rock, Olodum pirou de vez". Mas a Mangueira preferiu fugir dos temas mais polêmicos do tropicalismo (e de todo o restante da carreira de seus homenageados), investindo, em seu enredo, numa imagem "cartão-postal" da vida na Bahia.[1]

O fato de a maioria dos baianos preferir cantar as músicas do Olodum aos sambas cariocas parece não ter tanta importância. O carnaval do Rio de Janeiro ainda permanece como

1 Não estou fazendo uma crítica. Gosto muito de cartão-postal.

a festa nacional "por excelência", sendo transmitido pela televisão para todo o Brasil, ao passo que o carnaval baiano (cuja música é mais popular do que o samba das escolas cariocas na maior parte do território brasileiro) aparece apenas em flashes na cobertura jornalística dos meios de comunicação eletrônicos. Não é apenas uma "imposição" da Rede Globo, sediada no Rio de Janeiro. O samba carioca, mesmo não tendo a popularidade que conquistou nos anos 1930 (agora recuperada, em parte, com a moda do "suingue" — mas esse não é um estilo, como vimos nas palavras de Paulinho da Viola, avalizado pelos sambistas mais "autênticos", e muitos dos grupos de sucesso nasceram em São Paulo), permanece atuando como agente unificador nacional. Tanto que o baiano Caetano Veloso declarou, em entrevista recente, que "a Mangueira, e por extensão o Rio de Janeiro, representam a unidade nacional. Agora que se fala tanto em separatismo[2] é bom fortalecer o Rio como símbolo da nacionalidade" (*Jornal do Brasil*, Caderno B, p.1, 01/06/1990).

Caetano Veloso não está dizendo que a música carioca é melhor que a baiana, ou que o Rio de Janeiro é melhor que Salvador. Fala apenas que o Rio de Janeiro (incluindo o samba carioca) tem mais condições de atuar como representante da unidade brasileira do que qualquer outra cidade (ou qualquer outra música) do país, mesmo depois de 30 anos da mudança da capital para Brasília. A escolha do Rio é política: não significa que essa cidade se aproxime, mais que as outras, da verdadeira brasilidade, ou das raízes da nacionalidade. A Unidade, o Nacional e o Brasil são inventados todos os dias (evocando Ernest Renan), são plebiscitos diários, e essas invenções devem ser fortalecidas — com todo o cuidado — se ainda está em pauta um projeto de "unificação" política, social e cultural para o país. A escolha do Rio de Janeiro como símbolo nacional é precedida por outras escolhas que valorizam o nacional e a unidade. Muitos brasileiros continuam achando que esse é o melhor caminho (contra a segmentação, contra uma heterogeneidade mais "radical") para o Brasil.

---

2 Na época dessa declaração, o separatismo virara um tema constante na imprensa brasileira, principalmente depois que grupos políticos gaúchos propuseram a independência dos estados da região sul do Brasil.

Mais do que isso: o caminho da unidade nacional (vista como uma homogeneização *à la* Gilberto Freyre) ainda é valorizado como fonte de originalidade para a "civilização brasileira", aquilo que nos faz diferentes e que, justamente por constituir uma experiência inédita, pode enriquecer a civilização mundial. Caetano Veloso reatualizou e complexificou, em seu poema *Americanos* (recitado durante o show *Circuladô* de 1992), algumas ideias anunciadas por Gilberto Freyre (ou por Jorge de Lima, no poema *A minha América*) há mais de 50 anos: "para os americanos branco é branco, preto é preto (e a mulata não é a tal), bicha é bicha, macho é macho, mulher é mulher, e dinheiro é dinheiro. E assim ganham-se, barganham-se, perdem-se, concedem-se, conquistam-se direitos, enquanto aqui embaixo a indefinição é o regime e dançamos com uma graça cujo segredo nem eu mesmo sei."

Esse regime de "indefinição" (entre o branco e o preto, entre o homem e a mulher, entre a casa-grande e a senzala) continuaria a ser pensado como nossa principal característica, nossa grande particularidade, e também como aquilo que nos dá "graça". Não mais se trata, como muitas vezes sugeriu (explícita ou implicitamente) Gilberto Freyre, de uma superioridade. É um caminho diferente, que deve ser preservado (preservando-se a unidade, a nacionalidade) para que não nos transformemos em "americanos", como os do Norte. Tudo se resume, então, na luta entre duas maneiras de se "organizar", se "pensar", se "querer" a cultura, ou — como quer Benedict Anderson — de se "imaginar" a comunidade: o caminho da heterogeneidade (onde as diferenças estão claramente definidas e incentivadas) ou o caminho da homogeneidade (onde a indefinição contamina, mas não extingue o heterogêneo). Vejamos que tipo de consequências essa escolha homogeneizadora pode desencadear, tanto para a antropologia quanto para a "cultura nacional".

Uma consequência pode parecer óbvia: o caminho da homogeneidade (apesar de todas as sutilezas que encontramos no pensamento de Gilberto Freyre, para voltar ao exemplo preferido deste livro), tem, no mínimo, uma forte desconfiança com relação a toda diferença que tente se expressar com mais vigor. Por isso Freyre pode dizer, como já foi citado, que "felizmente não há no Brasil uma poesia africana como aquela nos Estados Unidos". A homogeneidade, a unidade cultural da pátria parece ser reconhecida como um estado extremamente frágil, a duras penas conquistado, ou criado por um "acaso feliz" (de os portugueses serem desse jeito e os africanos daquele outro etc.), que uma perturbação mais persistente (como a dos colonos alemães da região sul) destruiria para sempre. Gilberto Freyre usa a antropologia para dar legitimidade a seu papel de guardião da peculiar homogeneidade/indefinição brasileira. Não é que não veja méritos na poesia africana. É um problema de escolha, de estratégia política: assim como preferir a culinária pernambucana à baiana, não por uma questão de gosto, mas em prol de um projeto nacional. No projeto de Gilberto Freyre não caberia (e nisso ele é exclusivo: exclui o que é definido como excludente) uma proposta de "presentificação da palavra alheia" e de valorização da "alteridade poética de índios e africanos", para usar as palavras do texto de contracapa, assinado por Eduardo Viveiros de Castro, que encontramos no livro *Textos e tribos*, de Antônio Risério, talvez a tentativa mais determinada de denunciar a "exclusão" dos textos ameríndios e africanos das histórias da literatura brasileira (ver Risério, 1993). Para Freyre, apesar de seu apoio ao "movimento de valorização do negro", seria melhor que uma tradição poética pura, negra ou ameríndia, servisse apenas como material "bruto" para a invenção de uma poesia brasileira, miscigenada, mulata. Por isso também seus aplausos para a "moda" de bronzeamento que tomou conta do Brasil a partir dos anos 1950 (ver Freyre, 1986): o branco total também seria condenável, como todos os extremos. O "indefinido", o intermediário, seria sempre o melhor caminho. A mulata (de preferência se for parecida com a atriz Sônia Braga, o exemplo de beleza brasileira preferido por Gilberto Freyre em seus últimos escritos) é e será sempre a tal.

Mas como definir uma cultura inventada (ou imaginada, ou projetada) em torno da indefinição? Seria uma vontade de ser diferente o desejo de se ver sem diferenças internas? São apenas culturas como a(s) brasileira(s) que lidam com esse problema e essas perguntas? Não será esse um problema anterior, da própria definição de cultura que foi transformada em crença para tantos antropólogos? Nessa crença, como já disse Eduardo Viveiros de Castro,

> "pensamos que toda sociedade tende a perseverar no seu ser — a cultura sendo a forma reflexiva desse ser — e que é necessária uma pressão maciça e violenta para transformá-la e deformá-la. Nós acreditamos que o ser de uma sociedade está na sua perseverança: a memória e a tradição são o mármore identificador no qual é talhada a imagem da cultura. Nós acreditamos enfim que uma vez convertidas em outras que elas mesmas, as sociedades que perderam suas tradições as perderam sem retorno: que não há volta, que a forma anterior foi atingida mortalmente; o melhor que pode acontecer é a emergência de um simulacro inautêntico da memória, no qual a "etnicidade" e a má consciência disputam entre elas o espaço da cultura perdida (Viveiros de Castro, 1993: 371-2).

Gilberto Freyre parece ter construído sua obra contra o credo anterior. Tudo o que ele queria da (e acabava vendo na) cultura brasileira era o contrário da permanência e da impossibilidade de metamorfose que caracterizam essa definição de cultura. Tudo o que ele elogiava nos portugueses, ou nos mestiços, era a fluidez, a possibilidade de mutação constante, de adequação à diversidade. Um elogio que encontra eco em muitos pensadores/artistas contemporâneos, principalmente latino-americanos: Mário Vargas Llosa já declarou que "houve, há e Deus faça que haverá ainda mais, misturas com o elemento indígena e africano aportado na América com os exploradores" (Vargas Llosa, 1992: 59). Carlos Fuentes, como Gilberto Freyre (mas por motivos diferentes), coloca as sociedades mestiças numa espécie de vanguarda cultural mundial: "o mundo do futuro será, como o nosso foi, um mundo de mestiçagem" (Fuentes, 1992: 62). Existem, porém, outras correntes, talvez mais bem-representadas numericamente, do pensamento contemporâneo que encaram qualquer "projeto" mestiço com muita desconfiança.

O maior "perigo" do "projeto mestiço" seria acabar produzindo um mundo dominado pelo Mesmo. De muitas formas, as sociedades contemporâneas já aprenderam a lidar com o "elogio do diferente" ou o "elogio do Outro", aquilo que Jean Baudrillard identifica como uma "orgia de compreensão política e psicológica do outro" (Baudrillard, 1990: 130). A mestiçagem implica sempre alguma forma de homogeneização que poderia desencadear, por sua vez, um processo de extinção das diferenças. Desde *Raça e história*, texto clássico de Lévi-Strauss, vários importantes organismos de relações internacionais já transformaram em política oficial a teoria de que as diferenças culturais (e seu "afastamento diferencial") são imprescindíveis para que a humanidade continue a dar seus "saltos" evolutivos. Lévi-Strauss afirma que "uma humanidade confundida num gênero de vida único é inconcebível, pois seria uma humanidade petrificada" (Lévi-Strauss, 1976: 365). Toda sociedade, interna e externamente, deveria buscar um "*optimum* de diversidade".

Essas ideias de Lévi-Strauss têm semelhança muito significativa com outra poderosa crença que perpassa várias ciências contemporâneas: a lei da entropia. A entropia pode ser definida como uma medida da desordem "contida" em determinado sistema físico (incluindo aqui sistemas de informação). O aumento de entropia é um aumento de desordem. Mas esse aumento de desordem não é um aumento da heterogeneidade. Muito pelo contrário: quanto mais desordenado, mais o sistema se aproxima do equilíbrio e do homogêneo. A heterogeneidade (por exemplo, a existência de dois líquidos com temperaturas diferentes num mesmo sistema) é uma precondição para a existência da ordem, e a ordem é uma precondição para que o sistema possa produzir qualquer coisa de "interessante" (um resumo "para leigos" da história do conceito de entropia — e principalmente suas aplicações no campo das ciências da informação — pode ser encontrado em Campbell, 1982). Sem heterogeneidade não há criatividade; a homogeneidade é comparável à morte do sistema, e só uma perturbação vinda do exterior pode produzir novamente alguma diferenciação interna, gerando "trabalho" ou "energia".

O elogio da mestiçagem não pode deixar de estabelecer algum diálogo com esse (quase) todo-poderoso "paradigma" da diferença. Gilberto Freyre, em muitas das passagens citadas nos capítulos anteriores (tentando se defender dos perigos de uma entropia mulata), parece advogar um *optimum* de diversidade como aquele de Lévi-Strauss. O problema é encontrar essa medida. Seu mundo, de alguma forma, parece ser antientrópico. A heterogeneidade é primeira. A homogeneidade é um projeto, uma tendência (fortalecida artificialmente), um acontecimento raro, sempre às voltas com uma provável rebelião da heterogeneidade (no caso brasileiro, *Sobrados e mucambos* pode ser pensado como a descrição de uma dessas "rebeliões"). Gilberto Freyre teme a tendência exclusivista da heterogeneidade e acaba correndo o risco de inventar uma homogeneidade (elogiada, não paradoxalmente, por ser aberta e indefinida, podendo abarcar qualquer diferença) também exclusivista.

Estas conclusões continuam precipitadas. Onde o samba entra nisso tudo? Como o processo descrito nos outros capítulos pode justificar ou embasar esses pensamentos/afirmações/sugestões conclusivos?

Vejamos (recapitulando os principais pontos deste livro): a invenção do samba como música nacional foi um processo que envolveu muitos grupos sociais diferentes. O samba não se transformou em música nacional através dos esforços de um grupo social ou étnico específico, atuando dentro de um território específico (o "morro"). Muitos grupos e indivíduos (negros, ciganos, baianos, cariocas, intelectuais, políticos, folcloristas, compositores eruditos, franceses, milionários, poetas — e até mesmo um embaixador norte-americano) participaram, com maior ou menor tenacidade, de sua "fixação" como gênero musical e de sua nacionalização. Os dois processos não podem ser separados. Nunca existiu um samba pronto, "autêntico", depois transformado em música nacional. O samba, como estilo musical, vai sendo criado concomitantemente à sua nacionalização.

Outro ponto importante a ser ressaltado é a ausência de uma coordenação e de uma centralização desses processos (o fato de alguns grupos terem mais "poder" do que outros não é relevante em qualquer situação). As relações entre os diversos grupos nunca se institucionalizaram, nem adquiriram formas estáveis. Além disso, nenhum grupo controlava maquiavelicamente o rumo dos acontecimentos (enganando seus parceiros para atingir seus objetivos "secretos"). Os vários grupos usavam uns aos outros para atingir objetivos diversos: este podia estar interessado na construção da nacionalidade brasileira; aquele em sua sobrevivência profissional no mundo da música; aquele outro em fazer arte moderna. Em vários momentos era possível estabelecer pactos entre os vários interesses. Pactos nunca eternos. Pactos sempre renegociáveis.

Não estou querendo negar o importantíssimo papel dos afro-brasileiros na invenção do samba. Também (reafirmo uma vez mais) não quero negar a existência de uma forte repressão à cultura popular afro-brasileira, repressão que influenciou decisivamente a história do samba. Minha intenção é apenas complexificar esse debate, mostrando como, ao lado da repressão, outros laços uniram membros da elite brasileira e das classes populares, possibilitando uma definição da nossa nacionalidade (da qual o samba é apenas um dos aspectos) centrada em torno do conceito de "miscigenação".

No momento histórico privilegiado neste livro, o grande desafio para os grupos sociais brasileiros interessados em produzir a "unidade da pátria" e o "nacional" era encontrar determinados traços culturais que pudessem ser aceitos, pelo maior número de "patriotas", como expressão daquilo que existe de mais "brasileiro" em seu país. As tentativas de transformar o índio "tupi" em símbolo nacional, colocadas em prática por muitos românticos, tiveram curta duração. A opção pela valorização da mestiçagem (sem a perspectiva do branqueamento) foi certamente uma saída arriscada e original. O Brasil foi talvez o primeiro país no qual se tentou, com relativo sucesso, a fundamentação da "nacionalidade" no orgulho de ser mestiço e em símbolos culturais populares-urbanos.

Como todo processo de construção nacional, a invenção da brasilidade passa a definir como puro ou autêntico aquilo que foi produto de uma longa negociação. O autêntico é sempre artificial, mas, para ter "eficácia simbólica", precisa ser encarado como natural, aquilo que "sempre foi assim". O samba de morro, recém-inventado, passa a ser considerado o ritmo mais puro, não contaminado por influências alienígenas, e que precisa ser preservado (afastando qualquer possibilidade de mudança mais evidente) com o intuito de se preservar também a "alma" brasileira. Para tanto, é necessário o mito de sua "descoberta", como se o samba de morro já estivesse ali, pronto, esperando que os outros brasileiros fossem escutá-lo para, como que numa súbita iluminação, ter reveladas suas mais profundas raízes. O mito diz: o samba "antigamente era repudiado, debochado, ridicularizado", mas hoje "ninguém quer saber nem fazer outra coisa. O samba já é cogitação dos literatos, dos poetas, dos escritores teatrais e até mesmo de alguns imortais da Academia de Letras!" (palavras de Francisco Guimarães, mais conhecido como Vagalume, no livro *Na roda do samba*,[3] publicado originalmente em 1933 — Guimarães, 1978: 28). O vago "antigamente" dá profundidade histórica (e respeito histórico) a um fenômeno recentíssimo (o samba "de morro" apareceu, como vimos, no final dos anos 1920).

Negociações transculturais, exemplificadas aqui na emergência do samba como música nacional brasileira, são fenômenos comuns em sociedades complexas. A coexistência de inúmeros grupos sociais, com estilos de vida e visões de mundo contrastantes (e mesmo conflitantes), exige esforços cotidianos de negociação da realidade por parte de cada um desses grupos. Uma longa tradição de pesquisa, unindo autores tão diversos como Georg Simmel, Alfred Schutz, Louis Wirth, Howard S. Becker, Gilberto Velho e Peter Burke (só para citar alguns — e que não usam o conceito de complexidade exatamente da maneira que estou empregando neste livro), analisa processos semelhantes em muitas outras sociedades ou em outros momentos históricos. Além disso, essas negociações, aqui classificadas como transculturais, podem ter consequências bastante antagônicas. Por exemplo: em alguns casos podem enfatizar as diferenças (que sempre existem, qualquer que seja a sociedade); em outros casos, podem enfatizar o que existe de comum, ou o que é definido como o Comum, entre os grupos diferentes. Aquele é o caminho da heterogeneidade e este é o caminho da homogeneidade. Um processo de homogeneização não é incompatível com a natu-

3 Onde também lemos que o "samba é hoje uma das melhores indústrias pelos lucros que proporciona aos autores e editores" (Guimarães, 1978: 28).

reza de uma sociedade complexa, podendo mesmo "complexificar" a complexidade.

Não se trata, portanto, de sugerir que o discurso homogeneizador é uma "ideologia" inventada para mascarar a heterogeneidade da "realidade social". Concordo com a seguinte afirmação de Tzvetan Todorov:

> (...) os discursos são, eles mesmos, motores da história e não apenas suas representações. É preciso evitar aqui a alternativa do tudo ou nada. Sozinhas, as ideias não fazem história, as forças sociais e econômicas também agem; mas as ideias não são apenas puro efeito passivo. De início tornam os atos possíveis; em seguida, permitem que sejam aceitos: trata-se, afinal de contas, de atos decisivos (Todorov, 1993: 14-15).

O discurso da homogeneidade mestiça, criado no Brasil através de um longo processo de negociação, que atinge seu clímax nos anos 1930, tornou determinados "atos decisivos" possíveis e aceitos (como, por exemplo, o desfile de escola de samba com patrocínio do Estado), inventando uma nova maneira de lidar com os problemas da heterogeneidade étnica e do confronto erudito/popular. Essa nova maneira não exclui todas as outras possíveis formas de lidar com os mesmos problemas. O racismo continua existindo; uma enorme e bem-policiada distância continua separando a elite e as camadas populares; o repúdio pela cultura popular continua dominando o "gosto artístico" de vários grupos da elite. Ao mesmo tempo, outros grupos dessa elite valorizam o popular e combatem o racismo. Essa multiplicidade de visões de mundo, estilos de vida, políticas/práticas sociais contrastantes e discursos contraditórios é uma característica incontornável da complexidade social. Segundo Gilberto Velho, em sociedades complexas é sempre possível encontrar "diferentes modos mentais-culturais de construir e interpretar instâncias diferenciadoras do mundo social e da existência em geral" (Velho, 1989: 1). Enquadrar tudo isso numa relação de dominância/resistência é, na maioria das vezes, uma forma cômoda de não aceitar aquilo que Edgar Morin denomina "o desafio da complexidade" (Morin, 1990).

A complexidade não exclui a possibilidade, o projeto ou a realidade da unidade. A unidade das sociedades pode interagir, de inúmeras formas, com a multiplicidade, com os "múltiplos níveis de realidade". As sociedades "são ao mesmo tempo acêntricas (quer dizer, funcionam de modo anárquico por interações espontâneas), policêntricas (que têm muitos centros de controle ou organizações) e cêntricas (que dispõem ao mesmo tempo de um centro de decisão)" (Morin, 1990: 168). Em sociedades complexas, projetos homogeneizadores existem simultaneamente a projetos heterogeneizadores, não estando necessariamente em oposição entre si, e adquirindo — cada um deles — maior ou menor relevância dependendo de inúmeros fatores históricos, políticos, sociais, culturais.

Como o heterogêneo é sempre primeiro (pelo menos esse é um dos pressupostos básicos deste livro), e o homogêneo uma construção simbólica[4] feita a partir da heterogeneidade, a tarefa de colocar as diferenças em interação (pois elas precisam interagir para existir sociedade — ou mesmo "realidade") é realizada, tanto para criar a diferença quanto para estabelecer o comum, pelos agentes que, neste contexto específico, estou chamando de "mediadores transculturais". Mediadores de todos os tipos, e com projetos os mais variados, transitam pela heterogeneidade, colocando em contato mundos que pareciam estar para sempre separados, contato que tem as mais variadas consequências, remodelando constantemente os padrões correntes da vida social e mesmo redefinindo as fronteiras entre esses mundos diferentes. O filósofo Gilles Deleuze — em outro contexto, mas com enorme pertinência para o assunto (a "descoberta" do samba) abordado aqui — já afirmou:

> Os mediadores são fundamentais. A criação é coisa de mediadores. Sem eles, nada acontece. (...) É uma série: se você não pertence a uma série, mesmo uma completamente imaginária, está perdido. Eu preciso de meus mediadores para me exprimir, e eles nunca se expressam sem mim: você está sempre trabalhando em grupo, mesmo quando não parece ser o caso (Deleuze, 1992: 285).

---

4 Não estou dizendo que a heterogeneidade não seja — também — uma construção simbólica.

A mediação, quando é homogeneizadora, não tem capacidade para destruir integralmente a multiplicidade (talvez essa nunca seja a intenção dos mediadores). Seu trabalho é semelhante ao do *trickster*, personagem do pensamento mítico de quase todos os povos indígenas norte-americanos, que pode ser visto, segundo Lévi-Strauss, como um mediador que "retém qualquer coisa da dualidade que tem por função superar" (Lévi-Strauss, 1975: 261). O mestiço de Gilberto Freyre também retém, quase como que isoladamente, "qualquer coisa" das raças (ou das culturas) que o formaram. Daí a peculiaridade (e talvez a dificuldade lógica — que Gilberto Freyre incentiva ao elogiar o "regionalismo transnacional" — Freyre, s/d: 135) de seu projeto homogeneizador. Um projeto que tem tido uma repercussão profunda e duradoura nas tentativas de definir — a partir da "indefinição" — a identidade brasileira.

A homogeneização seria então uma "preferência nacional" no Brasil? Não exatamente. Ela é apenas um dos estilos, talvez o dominante em determinados grupos sociais, que os brasileiros (nem todos eles — pois muitos nem se imaginam nacionalmente) utilizam para "imaginar" sua comunidade nacional. Pode ser que esse estilo tenha mesmo saído de moda, ou se tenha colocado, mais ou menos propositadamente, na contramão da história. Talvez não haja mais lugar não só para a comunidade do samba, mas para qualquer comunidade nacional integrada em moldes, digamos assim, freyreanos.

De uma forma muito peculiar e interessante, toda a história da consciência nacional brasileira ganhou impulso e esteve fundamentada no diagnóstico de nosso "atraso" com relação aos países "civilizados". Muitas propostas foram feitas para "desenvolver" o Brasil, para que o país ficasse cada vez mais parecido com o chamado Primeiro Mundo. Gilberto Freyre e todos os que tornaram possível a transformação do samba em símbolo nacional brasileiro queriam para o Brasil uma modernidade "diferente", uma modernidade que incorporasse os elementos culturais até então considerados sintomas ou causas de nosso "atraso" (entre eles a mestiçagem e o próprio samba). Esse projeto e essa práxis já tiveram dias melhores. Outros "planos" de modernização tomaram a frente da vida sociocultural nacional. O desenvolvimentismo JK tentou até criar um novo símbolo e um novo centro geográfico para a unidade da pátria. Mas Brasília, hoje com 35 anos, não se tornou um emblema da nacionalidade plenamente ou amplamente reconhecido. E o Brasil não conquistou seu lugar no Primeiro Mundo.

O próprio capitalismo passou a desautorizar os projetos nacionalistas que antes eram propostos em seu nome. Vivemos numa sociedade globalizada ao extremo, e também fragmentada ao extremo, que cria um dilema inevitável para as "economias periféricas". Roberto Schwarz, comentando algumas ideias de Robert Kurz, afirma que "a falência do desenvolvimentismo (...) abre um período específico, essencialmente moderno, cuja dinâmica é a desagregação". A constatação resulta num conjunto de perguntas sinistro, mas familiar: "E se a parte da modernização que nos tocou for esta mesma dissociação agora em curso, fora e dentro de nós? E quem somos nós nesse processo?" (Schwarz, 1994: 6-6).

Daí a contramão da história: a "desagregação" capitalista atual tem sentido contrário ao da "unidade da pátria", da mestiçagem, do elogio do transculturalismo. Hoje torna-se um fato cada vez mais comum ouvir, no Brasil, declarações como esta de Camila Pitanga, nova estrela da televisão brasileira, para a revista *IstoÉ* (21/12/94, p. 84): "Costumam dizer que sou moreninha. Acham que estão me agradando. Não estão. Tenho orgulho de minhas raízes." Vitória contra o racismo *à brasileira*? Certamente. Mas divagando: para combater o racismo é necessário nos transformarmos em americanos como os do poema de Caetano Veloso? Devemos arquivar o projeto da "indefinição", do "arco-íris de todas as raças" (vide Jorge de Lima), da "mestiçagem"? Então de agora em diante fica combinado: "branco é branco, preto é preto"? Só existe essa maneira de não sermos racistas? Ou essa é a maneira mais fácil de tentarmos novamente nos ajustar à modernidade do capitalismo (fragmentário) internacional? E repetindo: quem somos nós nesse processo? Existe ainda a possibilidade de um "nós" brasileiro?

Podemos insistir na primeira pessoa do plural. Um dia nós descobrimos, com Gilberto Freyre, o orgulho de viver num país moreno, onde tudo é misturado. Até o sociólogo francês Roger Bastide, ao nos visitar, acreditou nessa história que gostamos de contar para nós próprios:

> (...) o sociólogo que estuda o Brasil não sabe mais que sistema de conceitos utilizar. Todas as noções que aprendeu nos países europeus ou norte-americanos não valem aqui. O antigo mistura-se ao novo. As épocas históricas emaranham-se umas nas outras. (...) Seria necessário, em lugar de conceitos rígidos, descobrir noções de certo modo líquidas, capazes de descrever fenômenos de fusão, de ebulição, de interpenetração, noções que se modelariam conforme uma realidade viva, em perpétua transformação. O sociólogo que quiser compreender o Brasil não raro precisa transformar-se num poeta.

Ficamos encantados ao descobrir que éramos tão originais. Poderíamos ter continuado a acreditar em nossa "poesia" social. Seríamos até precursores de um finado pós-modernismo que acreditou que o chique era o híbrido, ou de uma militância norte-americana que hoje quer a criação da categoria multirracial no censo dos EUA. Ou seríamos, como sugere Roberto da Matta, uma sociedade "missionária" da possibilidade de "sintetizar" que "já se está esgotando no mundo ocidental" (Da Matta, 1984: 113). Porém, depois de anos de crítica acirrada ao Brasil segundo Gilberto Freyre, acabamos também por nos convencer de que "nosso" estilo "homogeneizante" desemboca em perigosas pretensões universalistas. Um samba bastante conhecido diz: "Quem não gosta de samba bom sujeito não é, é ruim da cabeça ou doente do pé." Aí encontramos o efeito paradoxal/perverso do projeto brasileiro-mestiço de Gilberto Freyre. Aquilo que era elogiado por ser aberto ao diferente, por abarcar o diverso, passou a excluir a diversidade em nome de sua ortodoxia. Na cartilha dessa ortodoxia, o samba nacional, produto do relacionamento de diferentes grupos sociais, acabou se transformando em agente "colonizador" interno, em regra de boa conduta, em possibilidade única de ser brasileiro. O indefinido tornou-se a regra da definição.

Era esse o projeto do "samba"? Foi isso que Gilberto Freyre desejou? Não importa tanto a resposta. Outras possibilidades de ser brasileiro e de imaginar o nacional sempre existiram, existem e existirão. Mesmo que, e talvez justamente por isso, o Brasil continue a ser — para sempre — o Reino do Samba. Pois o samba pode muito bem ser — também para sempre — a melhor descoberta já feita por brasileiros.

ANEXO 1
NACIONAL-POPULAR

O objetivo deste anexo é discutir com mais cuidado alguns conceitos utilizados ao longo de todo o livro e que servem de pano de fundo teórico para o que foi tratado até agora:

NACIONAL

O debate sobre o que define a cultura nacional tem diferentes pesos e consequências conforme o país em questão. Sendo assim, a defesa do nacional adquire formas bastante variadas, dependendo do contexto político, social, cultural e histórico que a torna plausível. É possível estabelecer comparações entre diversos tipos de "nacionalismos", buscando complexificar ainda mais o caso brasileiro.

Para muitos autores, citados a seguir, a "consciência nacional", da maneira como a entendemos hoje, é um fenômeno "artificial" e recente na história de humanidade, podendo mesmo ser considerada uma visão de mundo específica dos tempos modernos. Eric Hobsbawn se junta a Ernest Gellner para definir o processo de construção do nacional:

> (...) com Gellner, eu enfatizaria o elemento do artefato, da invenção e da engenharia social que entra na formação das nações. "As nações, postas como modos naturais e divinos de classificar os homens, como destino político inerente, são um mito; o nacionalismo, que às vezes toma culturas preexistentes e as transforma em nações, algu-

> mas vezes as inventa e frequentemente oblitera as culturas preexistentes: *isto* é uma realidade." Em uma palavra, para os propósitos da análise, o nacionalismo vem antes das nações. As nações não formam os Estados e os nacionalismos, mas sim o oposto (Hobsbawn[1], 1990: 19).

Benedict Anderson, com outras palavras, mas com objetivo semelhante ao de Hobsbawn (e de Gellner), define nação como "uma comunidade política imaginada — e imaginada como implicitamente limitada e soberana" (Anderson, 1989: 14). Para Anderson, "todas as comunidades maiores do que as primitivas aldeias de contato face a face (e, talvez, até mesmo estas) são imaginadas. As comunidades não devem ser distinguidas por sua falsidade/autenticidade, mas pelo estilo em que são imaginadas" (Anderson, 1989: 15). O estilo "nacional" surgiu apenas "por volta dos fins do século XVIII" e só se transformou numa "norma internacional legítima" (o Estado-nação) com o fim da Primeira Grande Guerra e a criação da Liga das Nações (Anderson, 1989: 124).[2]

Nos três autores citados, Hobsbawn, Gellner e Anderson, fica enfatizada a ideia da nação como uma construção simbólica.[3] Antes do século XVIII as sociedades europeias eram governadas por outros símbolos, mantidos principalmente (depois da Idade Média) por linhagens reais que "derivavam seu prestígio, à parte de qualquer aura de divindade, da miscigenação, poderíamos dizer. Pois tais misturas eram símbolos de um status superior" (Anderson, 1989: 29). A nobreza não pertencia a um único "povo" ou "nação": "Que 'naciona-

---

1 A citação de Gellner foi extraída por Hobsbawn do livro *Nations and Nationalism*, Oxford, 1983, p. 48-9.

2 Immanuel Wallerstein fornece uma periodização um pouco diferente, mas não contraditória: "Um mundo constituído por esses estados-nações começou a existir ainda que parcialmente no século XVI. Esse mundo foi teorizado e se tornou matéria de consciência comum ainda mais tarde, só no século XIX. Ele se transformou num fenômeno universal inescapável de fato só depois de 1945" (Wallerstein, 1991: 185). Sendo assim, o Brasil não estaria exatamente atrasado com sua "unificação nacional" pós-30.

3 E nisso eles são herdeiros de Ernest Renan, pensador francês que em 1882, no ensaio *Qu'est-ce que c'est une nation?*, escreveu uma frase que se tornou célebre e poderia ser a epígrafe deste livro: "Uma nação é um plebiscito diário."

lidade' devemos atribuir aos Bourbon?" A pureza racial ou o pertencimento a um único "torrão-natal" não eram fenômenos valorizados pela aristocracia. Georg Simmel se refere à pouca importância de "fronteiras políticas e geográficas comparadas com aquilo que é comum a todos os nobres simplesmente porque eles são nobres" (Simmel, 1971: 205), e ressalta

> o fato peculiar de que muitas famílias de alto status nobre nos países europeus têm origens estrangeiras. Na Inglaterra, os Fitzgerald e os duques de Leicester vieram de Florença, os duques de Portland da Holanda. Na França, os Broglies vieram do Piedmont, os duques de Cars da Perúgia, os Luynes de Arezzo. Na Áustria, os Clarys vieram de Florença. Na Prússia, os Lynars vieram de Faença. Na Polônia, os Poniatowskis vieram de Bolonha. Na Itália, os Roccas vieram da Croácia, os Ruspolis da Escócia, os Torlonias da França, e assim por diante (Simmel, 1971: 204).

A homogeneidade da nobreza daria estabilidade política a impérios totalmente heterogêneos etnicamente, como o austríaco. Essa "desatenção" com relação à origem geográfica de seus aliados políticos, que caracterizava os nobres (diríamos seu "internacionalismo", se as nações já tivessem sido inventadas), foi de certa maneira herdada por seus inimigos da Revolução Francesa, que, por exemplo, puderam eleger o norte-americano Thomas Paine para sua Assembleia Nacional (ver Hobsbawn, 1990: 32). A união política era legitimada pela luta contra o privilégio absolutista e não pelo vínculo a uma mesma comunidade nacional. Com o advento do nacionalismo, a legitimidade e estabilidade estariam assentadas em outra fonte: a homogeneidade do povo de cada país. Como todos os países são heterogêneos, a homogeneidade deveria ser criada — um delicado trabalho — pelos pioneiros do nacional.

Parte do trabalho "imaginativo" das comunidades em via de se transformar em nações é inventar aquilo que, para voltar a citar algumas ideias que foram apresentadas no primeiro capítulo deste livro, Richard Peterson chama de autenticidade fabricada, e que implica uma deformação parcial do passado (ver Peterson, 1992). A nova autenticidade é a criação de um outro passado: um passado estável (as "raízes" nacionais) que chega a um "tempo imemorial" e torna obscura "a natureza essencialmente dinâmica e frequentemente 'híbrida' das culturas"[4] (Tomlinson, 1991: 92). Por exemplo: se o brasileiro gosta de samba (um ritmo que passa a ser visto como puro) é porque "sempre foi assim", ou "é da natureza brasileira o gosto pelo samba". A autenticidade fabricada do samba (que para existir precisa escamotear esse seu caráter fabricado) torna eterna uma música criada muito recentemente.

A "autenticidade" nacional, como afirma Eric Hobsbawn, é construída "essencialmente pelo alto", mas deve também ser analisada "de baixo, ou seja, em termos das suposições, esperanças, necessidades, aspirações e interesses das pessoas comuns, as quais não são necessariamente nacionais e menos ainda nacionalistas" (Hobsbawn, 1990: 19/20). Ou seja, não é porque ficou definido que o samba é a música brasileira por excelência, o "nosso" ritmo nacional, que todo brasileiro vai se identificar com essa definição. Ele pode continuar, pelo resto da vida, preferindo forró e nunca ouvindo samba. Como também lembra Hobsbawn: "Não podemos presumir que, para a maioria das pessoas, a identificação nacional — quando existe — exclui ou sempre é superior ao restante do conjunto de identificações que constituem o ser social" (Hobsbawn, 1990: 20). A homogeneização nunca é perfeita a ponto de excluir toda a heterogeneidade.

VÁRIOS "NACIONAIS"

1. Alemanha

Autores como Norbert Elias, Peter Burke e Isaiah Berlin (ver Elias, 1978; Burke, 1989; Berlin, 1991) mostram que a preocu-

4 Mesmo as línguas nacionais não podem ser vistas como fenômenos homogêneos: "É difícil conceber uma 'língua nacional' genuinamente falada que envolva uma base puramente oral e que não seja híbrida" (Hobsbawn, 1990: 69).

pação com a definição e a valorização dessa autenticidade nacional tem origem na Alemanha do século XVIII, principalmente no pensamento do poeta e filósofo Johann Gottfried Herder, o autor que desenvolve os conceitos de *Volksgeist* e *Nationalgeist*, valorizando a cultura popular alemã contra o internacionalismo (basicamente francês) da nobreza prussiana da época.

Herder contrapõe o conceito alemão de *Kultur* ("ênfase nas diferenças nacionais e na identidade particular dos grupos" — Elias, 1978: 5) ao conceito francês de *civilisation* ("enfatiza o que é comum a todos seres humanos — ou deveria ser" — Elias, 1978: 5). Essa contraposição, como sugere Isaiah Berlin, gera um estranho orgulho nacional, que tem suas causas no ressentimento: "[o nacionalismo] parece usualmente ser causado por feridas, alguma forma de humilhação coletiva. Deve ter sido isso que aconteceu nas terras alemãs, pois elas ficaram à margem do grande renascimento da Europa Ocidental" (Berlin, 1991: 245). Portanto, a operação conceitual de Herder era dupla: ele atacava o estilo de vida "afrancesado" da corte de Frederico o Grande, valorizando aquilo que essa nobreza achava mais desprezível: a cultura do "povo alemão" (ou o que é definido por Herder como tal).

Herder fazia parte da *intelligentsia* da nascente burguesia alemã, que não tinha nenhum acesso ao mundo aristocrático. Os nobres chegavam mesmo a falar francês, pois consideravam o alemão uma língua plebeia. A *intelligentsia* burguesa tinha então a tarefa difícil de transformar o plebeu e o "simples" em qualidades a serem cultivadas. Para isso era necessário acusar os costumes franceses de superficiais, falsos, imorais. A rude autenticidade alemã passou a ser considerada superior à artificialidade francesa. Herder e seus companheiros (entre eles o filósofo Johann Fichte, autor dos *Discursos à nação alemã*, de 1807-8) pareciam dizer: "Nós podemos ser primitivos, pobres e mesmo bárbaros, mas nosso genuíno atraso é um sintoma de nossa juventude, de nosso poder vital ainda não exaurido; nós somos os herdeiros do futuro que as nações velhas, cansadas, corruptas, em declínio, mesmo com toda a sua arrogante superioridade no presente, não podem mais desejar" (Berlin, 1991: 247). Qualquer semelhança com o mito do Brasil, País do Futuro, não é mera coincidência.

Como já foi dito, Gilberto Freyre e seus companheiros também tentaram transformar a mestiçagem, até então considerada uma das razões principais do "atraso" brasileiro, em fonte do orgulho nacional. Nesse movimento, o samba, a feijoada e o traje de baiana deixam de ser menosprezados e passam a simbolizar a vitalidade da cultura brasileira. Parece, contudo, que esse tipo de valorização do desprezado é uma operação condenada à incompletude. Parece que resta sempre uma dúvida, ou pelo menos um motivo para piadas antinacionalistas: será que o antes-desprezado-agora-motivo-de-orgulho não deveria continuar para sempre desprezado? E a questão principal, "que somos nós?" (e a defesa daquilo que somos, que nos tornará fortes no futuro, mas que hoje ainda nos deixa fracos), continua a nos preocupar como antes.

2. *"Segurança" lusitana*

Existem povos mais seguros de sua identidade? Norbert Elias afirma que "as perguntas 'Que é realmente francês? Que é realmente inglês?' há muito deixaram de ser assunto de muito debate para os franceses e ingleses. Mas por séculos a pergunta 'Que é realmente alemão?' não foi colocada para repousar" (Elias, 1978: 6). O português Eduardo Lourenço, no livro *Nós e a Europa*, também diferencia o seu "povo" do alemão: "Portugal, o de ontem e ainda mais o de hoje, não teve nunca, nem tem, propriamente *problemas de identidade* (...). Não se pode dizer dos portugueses aquilo que Nietzsche dizia dos alemães (ou se pode dizer de outros povos) — que era uma gente que passava (passa?) a vida a perguntar: *O que é ser alemão*? Todos os portugueses são, ou se sentem, por assim dizer, 'hiperportugueses'" (Lourenço, 1988: 19). Não interessa aqui discutir a veracidade dessas afirmações sobre franceses, ingleses e portugueses, mas apenas mostrar que elas são *possíveis*. Não conheço nenhum autor brasileiro que afirme, com tanta segurança, que o Brasil não tenha problemas de identidade. Independentemente das várias posições no debate, todos os autores parecem concordar em que o Brasil tem sérios problemas de identidade. E é a partir dessa constatação que surge a necessidade da pergunta "Que é ser brasileiro?". O Brasil e a

Alemanha fazem parte do grupo de nações "que têm que procurar e constituir suas fronteiras novamente, num sentido tanto político como espiritual, e têm que se perguntar muitas vezes: 'Qual é realmente nossa identidade?'" (Elias, 1978: 5/6).

3. *Romanos e japoneses — e os Outros*

A maior ou menor segurança de uma "nação" com relação à sua identidade também está intimamente ligada à atitude que essa nação pode ter diante de culturas estrangeiras. Não existe sempre uma atitude de desconfiança, protecionismo ou repugnância diante do Outro ou do Diferente, como parece ter sido o caso para muitos nacionalistas brasileiros. Talvez os exemplos clássicos de sociedades oficialmente abertas ao consumo de produtos e ideias culturais estrangeiras sejam o Império Romano e o Japão pós-Meiji. No caso romano é até difícil falar numa identidade própria: "Os romanos não têm cultura específica. Eles têm por cultura aquela da Grécia, no todo e desde o início." Não havia problema em consumir a cultura do Outro ou mesmo em encontrar na cultura do Outro o fundamento para seu próprio modo de vida:[5] "O admirável é a audácia sem complexos com a qual os romanos se apoderaram dos valores gregos, enquanto outros povos, é verdade que menores, defendem ciosamente seu patrimônio. Quando a França defende seu patrimônio contra o americanismo, isso prova muito simplesmente que ela não tem mais vigor cultural" (Veyne, 1991: 43).

A adoção de traços culturais ocidentais pelos japoneses é um caso diferente: o Japão não era um império todo-poderoso, como o Romano, adotando a cultura de uma futura colônia. A Restauração do imperador Meiji, que tenta ocidentalizar o

5 No primeiros anos de Roma aconteceram alguns episódios que poderiam ser considerados anti-helênicos, como a expulsão dos filósofos gregos de Roma, mas com o fortalecimento do Império esses conflitos desapareceram. Para mais detalhes da relação entre Roma e a cultura grega, ver, por exemplo, Gruen, 1992.

país à força a partir de 1868, tem início com um diagnóstico desvantajoso da situação japonesa, semelhante ao "atraso" brasileiro apontado por Sílvio Romero. Só que a solução nipônica é radical: é preciso eliminar a desvantagem eliminando tudo o que faz o povo japonês ser diferente do ocidental. O próprio imperador dava o exemplo vestindo terno, comendo bife frito e dando início à industrialização do país. Erwin von Baelz, médico alemão que morou em Tóquio nessa época, descreve assim as opiniões dos intelectuais japoneses com quem conviveu: "Eles insistiam em que não queriam saber nada sobre seu passado; de fato, declaravam que qualquer pessoa cultivada só poderia ficar envergonhada dele (...) 'tudo no nosso passado é completamente bárbaro (...) Nós não temos história, pois nossa história está por começar'" (citado por Kuwabara, 1983: 135).

Na Restauração Meiji, que está na base do poder industrial do Japão contemporâneo, não havia nenhuma proposta de mestiçagem cultural como no caso brasileiro: para ser moderno, era preciso ser ocidental, pura e simplesmente. Foi justamente contra essas ideias radicalmente ocidentalizantes que o "paradigma mestiço" brasileiro se revoltou, principalmente aquelas defendidas por grupos intelectuais da *belle époque* carioca. Segundo Lúcia Lippi de Oliveira, o Ocidente da *belle époque* tinha como modelo de cosmopolitismo a cultura francesa, expressando uma reação republicana (sobretudo a dos jacobinos republicanos liderados por Floriano Peixoto) a tudo aquilo que simbolizava um passado ligado a Portugal. As reformas urbanísticas realizadas no Rio de Janeiro da virada do século pretendiam, além de "sanear" a cidade, destruir os vestígios da arquitetura portuguesa. A herança lusitana era considerada um obstáculo à modernização: "a geração dos 'mosqueteiros-intelectuais' desejava integrar o Brasil na civilização ocidental" (Oliveira, 1990: 113). Tais ideias nunca tiveram vida longa no campo intelectual brasileiro.[6] A mestiça-

---

6 Apesar de surgirem sempre, aqui e ali, defensores — como o jornalista Paulo Francis — de uma total "ocidentalização" do país. Nos últimos tempos, com a voga do neoliberalismo (que teve um período de grande destaque na política nacional durante o governo Collor), essa defesa "ociden-

gem e o lusotropicalismo de Gilberto Freyre, apesar de todas as polêmicas que desencadearam, têm influência mais duradoura nas histórias "que todo brasileiro gosta de contar para si mesmo".

O INFERNO E O OUTRO — E A PUREZA PERDIDA

Os casos extremos do Japão e do Império Romano mostram que as relações com o Outro não são necessariamente antagônicas. O Outro também pode ser visto com admiração, mesmo em situações em que é claramente inferior política e economicamente (Roma-Grécia). As relações interculturais são mais complexas e podem adquirir formas surpreendentes. O Outro (ou determinados aspectos do Outro — pois nenhum Outro é uma entidade totalmente homogênea) pode ser visto como superior e servir de modelo a ser copiado. Ou como inferior e ainda assim ter aspectos admiráveis. Culturas combinam-se de maneiras sempre renovadas, seguindo ou não o padrão das relações políticas e econômicas que existem entre as várias sociedades. No entanto, os construtores da identidade nacional brasileira parecem ter desejado não dar nenhuma ênfase a essas relações diversificadas com a alteridade para buscar a essência da "não imitação" da cultura popular mestiça, que deveria ser puramente nacional.

O mito da pureza cultural também foi forjado junto com o conceito de Herder sobre o espírito do povo. O que é alemão é só alemão, puramente alemão, e não pertence a mais ninguém, nem deve ser copiado por mais ninguém (o que contrariaria as regras da autenticidade). O popular seria definido como o *locus* da autenticidade de uma nação, fonte puríssima da identidade nacional. Autores mais recentes mostram que a autenticidade sempre foi uma questão de definição e de quem tem poder para definir o que pertence a cada cultura.

---

talizante", principalmente no âmbito econômico, teve maior divulgação. Seria interessante fazer uma pesquisa sobre os reflexos do neoliberalismo nas representações sobre o que caracteriza (ou deve caracterizar) a cultura brasileira.

Em seu livro *Cultura popular na Idade Média*, Peter Burke mostra detalhadamente como a autenticidade das culturas dos camponeses europeus (entre eles o "povo alemão" de Herder) era produto de bricolagens interétnicas. Falando dessas misturas de diversas tradições culturais em outro tempo, Paul Veyne conjectura: "Havia tantos vasos gregos no mundo mediterrâneo como há hoje garrafas de Coca-Cola num rio de Bornéu" (Veyne, 1991: 43).

Todas as culturas sempre misturaram elementos de procedências diferentes. Muitos autores, há muito tempo (talvez desde sempre), combatem a visão purista dos fenômenos culturais. Um exemplo explícito desse combate, no âmbito dos estudos da história das religiões, está nesta passagem de um livro de Mircea Eliade sobre o xamanismo:

> Mas nunca se repetirá bastante: não há nenhuma chance de se encontrar no mundo ou na história um fenômeno religioso "puro" e perfeitamente "original". Os documentos paleoetnológicos e pré-históricos de que dispomos não vão além do paleolítico e nada permite acreditar que, durante as centenas de milhares de anos que precederam a mais antiga idade da pedra, a humanidade não tenha conhecido uma vida religiosa tão intensa e tão variada quanto durante as épocas posteriores. É quase certo que uma parte ao menos das crenças mágico-religiosas da humanidade prelítica foi conservada nas concepções religiosas e nas mitologias posteriores. Mas é também fortemente provável que essa herança espiritual da época prelítica não tenha cessado de sofrer modificações, na sequência de numerosos contatos entre as populações pré e proto-históricas (Eliade, 1968: 27).

Assim sendo, nem na pré-história poderíamos encontrar grupos vivendo totalmente isolados uns dos outros, garantindo dessa maneira a pureza e a originalidade de suas concepções culturais. Seria também interminável uma lista de "grandes" acontecimentos históricos posteriores que dependeram de relações interculturais. Mas é interessante citar alguns deles: a assimilação de costumes hindus pelos conquistadores arianos que invadiram o subcontinente indiano; a utilização, na Antiguidade, do alfabeto cuneiforme por todos os povos da Mesopotâmia que se misturavam em grandes e cosmopolitas cidades, como Ur e Uruk; a "mestiçagem" de traços micênicos, ciências mesopotâmicas, alfabeto fenício e arte egípcia que deu origem à cultura grega clássica e à cultura ocidental.[7] É inútil procurar, em tal emaranhado de heterogeneidades culturais, um povo totalmente original.

VOCÊ VIU ALGUMA SOCIEDADE SIMPLES POR AÍ?

Essa dificuldade é percebida também por antropólogos que estudam sociedades anteriormente consideradas simples. A recente antropologia das sociedades indígenas das terras baixas sul-americanas está repleta de afirmações como esta, feita por Joanna Overing Kaplan: "na América do Sul, a sociedade recria a si própria de outro modo a cada geração, e 'grupo' é um conceito tão enganoso como 'descendência' — o que só poderíamos esperar dado o fato de raramente encontrarmos uma lógica verdadeira, uma lógica *explícita*, para a perpetuação" (Kaplan, 1977: 10). Ou esta outra de Graham Townsley: "Está ficando claro nos estudos amazônicos que nós interpretamos mal a natureza desses sistemas sociais se insistimos na ideia implícita ou explícita de que eles são grupos étnicos com fronteiras claras e sem ambiguidades" (Townsley, 1988: 5). Antropólogos "africanistas", como Marc Augé, também chegam a conclusões similares: "ninguém nunca ignorou a realidade dos outros grupos (na África, numerosas narrativas de fundação são primeiro narrativas de guerra e de fuga), e assim também de outros deuses, nem a necessidade de começar ou de ir tomar mulheres fora" (Augé, 1992: 62).

Resumindo: mesmo tribos formadas por centenas de pessoas sempre tiveram (e isso não foi consequência de seus encontros com os "brancos") problemas ao tentar definir/construir sua identidade, e nesse processo sempre levaram os Outros em consideração, não apenas como "contraste". Resta perguntar por que, por tanto tempo, o ideal de tantos antropólogos (e nacionalistas) foi "que cada etnia [e cada

7 Para uma análise das influências africanas e asiáticas na civilização da Grécia clássica, ver *Black Athena*, de Martin Bernal (ver Bernal, 1991).

nação, para os nacionalistas] fosse uma ilha, eventualmente ligada a outras, mas diferente de todas as outras, e que cada ilhéu fosse o homólogo exato de seus vizinhos" (Augé, 1992: 66).

O POPULAR

E por que as culturas populares teriam o "privilégio", entre todas as outras, de serem puras, homogêneas ou originais? Gilberto Velho é um dos autores que combatem essa visão "purista" da cultura popular, afirmando que "o fenômeno da diferenciação é identificado tanto dentro das camadas populares como das elites" (Velho, 1993: 59). Peter Burke mostra, ao estudar as culturas populares medievais, como mesmo as culturas camponesas mais afastadas passaram por muitas transformações (nunca permanecendo estáticas ou imutáveis por grandes períodos de tempo); como muitos desses camponeses sabiam ler e misturar informações culturais de procedências diversas (incluindo a cultura erudita da época); como muito do que é hoje considerado autenticamente popular foi na verdade produzido *para o* povo (muito antes da comunicação de massa) e não *pelo* povo; como um mercado cultural já influía na produção desses bens tido como "tradicionais"; e, finalmente, como os mesmos bens culturais (por exemplo, a *Bibliothèque bleue*) foram apropriados de maneiras diferentes pelos diversos grupos sociais integrantes das sociedades europeias daquela época (para um resumo instigante dessas ideias, ver Burke, 1981).

Ao discorrer sobre as culturas populares contemporâneas, Néstor Garcia Canclini chega a conclusões semelhantes às de Peter Burke para a Idade Média, sobretudo quando afirma que o "popular não é monopólio dos setores populares", que o "popular não é vivido pelos sujeitos populares como complacência melancólica com as tradições" (isto é, as tradições podem ser modificadas), e que a "preservação pura das tradições não é sempre o melhor recurso popular para se reproduzir e reelaborar sua situação" (Canclini, 1992: 204-20).

Portanto, a "promiscuidade" entre "elite brasileira" e "povo brasileiro" — que foi fundamental (como já vimos) para a valorização das "coisas brasileiras" (o "popular brasileiro") — não foi um acontecimento sui generis do Brasil do início deste século, mas algo que ocorre em todas as sociedades, em todas as épocas. Daí o pouco interesse em pensar a "cultura popular" como inteiramente isolada da "cultura dominante/hegemônica" (sendo "resistente" a essa dominação/hegemonia). Daí, também, não interessar aqui definir o que é o "popular", ou saber onde está o "popular", ou determinar qual o "popular" mais autêntico, ou ainda diferenciar o "popular" do "hegemônico". Meu objetivo foi colocar em relação as diversas definições (produzidas por outros indivíduos — sejam eles antropólogos, como Gilberto Freyre, ou músicos, como Catulo da Paixão Cearense — e por grupos sociais brasileiros) sobre o que é popular no Brasil — principalmente o que é música popular no Brasil, e como esse popular (assim definido) participa da construção de "nossa" identidade nacional.

O TRANSCULTURAL

O antropólogo cubano Fernando Ortiz, estudioso da música popular de seu país, publicou em 1940 o livro *Contrapunteo cubano del tabaco y el azúcar* (que recebeu um prefácio entusiasta de Malinowski), em que introduz o conceito de transculturalismo. Apesar de não ter obtido grande impacto ou seguidores na antropologia posterior, esse conceito me parece o mais adequado para nomear as relações interculturais descritas nos parágrafos anteriores e no restante deste livro. Nas palavras de Malinowski, resumindo as ideias de Fernando Ortiz, transculturalismo

> é um processo no qual sempre se dá algo em troca do que se recebe; é um "toma y daca", como dizem os castelhanos. É um processo no qual ambas as partes da equação resultam modificadas. Um processo no qual emerge uma nova realidade, composta e complexa, uma realidade que não é uma aglomeração mecânica de caracteres, nem um mosaico, mas um fenômeno novo, original e independente (Malinowski, 1991: xxxiii).

Definido dessa maneira, transculturalismo me parece um conceito mais preciso e rico para pensar as relações interculturais do que o de aculturação (assimilação de uma cultura com destruição da antiga — noção criticada por Malinowski, ainda na introdução do livro de Fernando Ortiz, como "vocábulo etnocêntrico")[8] ou sincretismo (com suas conotações religiosas).[9] O único reparo que tenho que fazer ao conceito, tal como proposto por Fernando Ortiz, é tornar bem explícita a ideia de que o transcultural não é a combinação de elementos que antes eram puros; esses elementos (as duas partes da equação de Malinowski), já são produtos transculturais, e nunca — na história cultural do mundo — pode ser encontrado um elemento que já não tenha passado por algum processo transcultural.

E ainda: o transculturalismo não ocorre apenas num contexto internacional. Relações transculturais ocorrem (e não creio que, com tais afirmações, esteja sendo infiel às ideias de Fernando Ortiz) entre grupos diferentes de uma mesma sociedade. Uma cultura heterogênea é terreno fértil para todo tipo de transculturalismo; aliás, ela não permanece viva sem esse tipo de relação transcultural. O "toma lá, dá cá" entre elite e músicos populares que, como vimos, perpassa a histó-

8 Essa crítica não é ponto pacífico. O antropólogo Melville Herskovits pensa que aculturação e transculturação querem dizer exatamente a mesma coisa, isto é, qualquer empréstimo cultural. Ele diz que *acculturation* nunca significou uma qualidade etnocêntrica (Herskovits, 1952: 572). Parece que Fernando Ortiz venceu esse debate. Hoje o conceito de transculturação ultrapassou as fronteiras da antropologia e é utilizado por críticos literários, teóricos da performance etc.

9 Outro conceito interessante é o de hibridação, proposto pelo sociólogo argentino Néstor Garcia Canclini (não é coincidência a presença de tantos latino-americanos nesse debate): "Encontram-se menções ocasionais dos termos sincretismo, mestiçagem e outros empregados para designar processos de *hibridação*. Prefiro este último porque abarca diversas misturas interculturais — não só as raciais a que se pode limitar a 'mestiçagem' — e que permite incluir formas modernas de hibridação melhor que 'sincretismo', fórmula referida quase sempre a fusões religiosas ou de movimentos simbólicos tradicionais" (Canclini, 1992: nota de pé de página, p. 14-5). O termo "híbrido" também é utilizado várias vezes por Gilberto Freyre como sinônimo de "mestiço". Prefiro o termo "transcultural" por sua maior vinculação à linguagem conceitual da antropologia.

ria da música popular brasileira é um bom exemplo de dinâmica transcultural que acaba desembocando na transformação do samba em música nacional brasileira, criando o "fenômeno novo, original e independente" a que Malinowski se refere em seu elogio de Fernando Ortiz.

Em minha dissertação de mestrado (transformada no livro *O mundo funk carioca*) tentei estudar o fenômeno transcultural da adoção da música norte-americana funk pelos subúrbios do Rio de Janeiro. O objetivo era mostrar como aquela música chega ao Brasil e é usada (a organização das festas, as danças, as roupas dos dançarinos etc.) de forma inteiramente diferente de seu uso norte-americano. Neste livro procurei seguir trabalhando com essas ideias, analisando a invenção do samba como autenticidade nacional, mostrando como o autêntico é sempre um fenômeno arbitrário (e aqui não importa se essa autenticidade é essencial ou não para a vida social) e como diversos grupos sociais, com intuitos não coincidentes, participaram — transculturalmente — da fabricação dessa autenticidade.

ETNOMUSICOLOGIA E TRANSCULTURALISMO

Além dos autores já citados até agora, uma inspiração importante durante todo o desenvolvimento deste livro foi a de trabalhos na área da etnomusicologia que mostram — no campo musical, é claro — como as informações ocidentais são consumidas, interpretadas e utilizadas de maneiras diferentes em culturas diferentes, relativizando a previsão de uma homogeneização cultural em escala planetária. As velhas diferenças estão sendo substituídas por novas diferenças transculturais, produto do encontro das informações ocidentais e "tradicionais". No território da música popular, são incontáveis os exemplos desses tipos de novas diferenças, levando o etnomusicólogo Bruno Nettl a afirmar que, "enquanto a chegada da música ocidental é frequentemente vista como o decreto de morte da variedade musical no mundo, o exame de seus muitos efeitos mostra as músicas mundiais no século XX, em parte como resultado da pressão gerada pela cultura musical ocidental, num estado de diversidade sem precedentes" (Nettl, 1985: 3). O sociólogo Simon Frith aponta "o vigor, a habilidade e a imaginação notável com que músicos e fãs e empresários locais tomaram as formas do pop 'hegemônico' para uso próprio" (Frith, 1989: 5). O conceito de transculturalismo é moeda corrente nos debates etnomusicológicos atuais, ajudando a explicar a heterogeneidade. Meu objetivo, ao estudar o samba, apesar de inspirado nos estudos citados acima, é outro. Este livro pode ser visto como uma tentativa de mostrar que o transculturalismo também é útil para nos ajudar a compreender a invenção da homogeneidade.

ANEXO 2
"MELTING POT"

Farei aqui uma breve comparação entre as relações elite/cultura popular no Brasil e nos Estados Unidos, no início deste século. Essa comparação, mesmo superficial, é importante, pois sugere novos dados para futuros estudos sobre as diferentes versões da atitude racial/cultural nos dois países, um ramo comparativo que já produziu inúmeros debates. Além disso, acho que esses dados podem situar melhor o pensamento do jovem Gilberto Freyre, tão influenciado por seu contato com o pensamento norte-americano.

Os Estados Unidos poderiam ter "adotado" uma política, mesmo que não oficial, de homogeneização racial como a do Brasil (pós-1930). A possibilidade dessa escolha foi discutida por alguns de seus intelectuais, políticos, artistas e outros membros de sua elite. Os argumentos eram semelhantes aos utilizados por grupos equivalentes brasileiros. Durante as primeiras décadas deste século, um intenso debate norte-americano também colocou em relação conceitos como raça, mestiçagem, nacionalismo, regionalismo, cultura popular (e principalmente música popular — nesse tempo estavam sendo inventados gêneros como o jazz, o folk e o country, como veremos adiante), folclore, modernidade e unidade da pátria.

Na troca de ideias, nem sempre cordial, estiveram envolvidos nomes bem distintos como Theodore Roosevelt, Franz Boas, Malcolm Cowley, Alfred Stieglitz, Ezra Pound, Constance Rourke, Edith Wharton, Zora Neale Hurston, Henry James e tantos outros. Nessa época, a expressão *melting pot* (cadinho), usada para designar a mistura de raças que caracterizava a cultura norte-americana, não era ainda politicamente incorreta.

Muito pelo contrário: o ideal de uma amálgama de raças que está por trás do elogio do "*melting pot* norte-americano" quase chegou a ser um exemplo de correção política. Pelo menos parecia ser essa a intenção do presidente Theodore Roosevelt (republicano, formado em Harvard e um dos ídolos do jovem Gilberto Freyre)[1]. No dia 5 de outubro de 1908, ao assistir, no Columbia Theater de Washington DC, à estreia da peça *Melting Pot* (que não criou, mas popularizou a expressão), escrita e encenada por Israel Zangwill, durante os aplausos Roosevelt teria gritado de seu camarote: "Esta é uma grande peça, Mr. Zangwill, esta é uma grande peça!" (Mann, 1979: 100). Logo depois escreveu para Zangwill: "Eu não sei quando eu vi uma peça que tenha me excitado tanto" (Mann, 1979: 100).

Que teria agradado tanto a Roosevelt? Vejamos: o enredo era simples, parecia um pouco com o do filme *West Side Story*, e tratava dos problemas de imigração e de preconceitos raciais, religiosos e culturais através do romance, passado em Nova York, entre dois jovens, um judeu russo e uma cristã russa. Zangwill — descendente de judeus russos, nascido na Inglaterra, casado com uma cristã inglesa — defendia a formação de um novo americano a partir da união (também sexual — pois se trata de um romance com final feliz) de todas as diferenças. Roosevelt, um crítico daquilo que passou a ser conhecido como *hyphenated Americanism*,[2] afirmando só haver

1 Em 1913 Roosevelt viajou pelos estados de Mato Grosso e Amazonas, sendo acompanhado por Cândido Rondon.

2 O costume, transformado em estratégia política de afirmação étnica, de classificar os norte-americanos através da utilização daquilo que a gramática portuguesa denomina adjetivos pátrios compostos, sempre contendo hífens, como Native-American, African-American, Chinese-American e Irish-American, entre muitos outros.

americanos, se reconheceu no otimismo homogeneizador de Zangwill.

Melting Pot, a peça, fez grande sucesso. Ficou seis meses em cartaz em Chicago e foi apresentada 136 vezes em Nova York. Seu texto era leitura obrigatória em escolas e universidades. O livro com a peça de Zangwill foi reeditado pelo menos uma vez por ano até os Estados Unidos entrarem na Primeira Guerra Mundial, em 1917. Esses números demonstram o interesse que o assunto despertava entre os americanos no período imediatamente anterior à chegada de Gilberto Freyre àquele país.

Diante de tal situação, nada levava a indicar que, no início dos anos 1970, a expressão *melting pot* seria condenada por grande parte da sociedade norte-americana, e essa condenação oficializada no Ethnic Heritage Studies Programs Act em 1972, pelo presidente Nixon. O senador Roman L. Pwcinski (democrata, *Polish-American*), um dos principais nomes por trás da implementação dessa lei (foi *chairman* do General Subcommitte of the House Committee on Education and Labour) declarou: "Eu acho francamente toda a doutrina do *melting-pot* muito repugnante. Eu não quero ser dissolvido [dissolver = *to melt*] num monólito" (citado em Mann, 1979: 118). Não é difícil perceber as semelhanças entre esse tipo de declaração e os discursos "antiluso-brasileiros" que tanto irritaram Gilberto Freyre, levando-o a escrever a conferência *Uma cultura ameaçada: a luso-brasileira*.

Em 1908, ano da estreia de *Melting Pot*, Franz Boas publicou *Race Problems in America*, artigo em que atacava intelectuais que enxergavam na mestiçagem norte-americana sintomas de degeneração, mostrando como esse problema (incluindo a condenação das misturas raciais) era relevante para os Estados Unidos daquela época. Boas dizia:

> Frequentemente se alega que o fenômeno da mistura presente nos Estados Unidos é único, que uma intermistura similar nunca ocorreu antes na história do mundo e que a nossa nação está destinada a se transformar naquilo que alguns autores chamam de uma nação "vira-lata" numa medida que nunca foi igualada em nenhum outro lugar (Boas, 1974b: 320).

Contra esses argumentos, Boas tentava destruir o mito de que as nações europeias teriam sido puras algum dia, concluindo, contra os "advogados da teoria da degradação", que um processo de "vira-latização" não havia ocorrido, apesar de todas as misturas pelas quais passaram as atuais "raças" da Europa.

A partir dessa conclusão, Boas começa a discutir diretamente o problema do negro norte-americano, que parecia ser o grupo étnico que mais preocupava os autores eugenistas que condenavam a mestiçagem e previam um futuro degenerado para os Estados Unidos. Em outro artigo, publicado pouco antes do anterior e intitulado *Changing the Racial Attitudes of White Americans*, Boas já havia defendido os negros utilizando, entre outros, o seguinte argumento: "a evidência das conquistas culturais do negro na África indica que sua inventividade, o poder de suas organizações políticas e sua firmeza de intenção igualam ou mesmo superam os de outras raças em estados similares de cultura" (Boas, 1974a: 317). Tal relativização não significava o abandono de determinados debates que levavam em consideração preocupações biológicas:

> Não acredito que o negro seja, em sua composição física e mental, igual aos europeus. As diferenças anatômicas são tão grandes que as correspondentes diferenças mentais são plausíveis. Podem existir diferenças em caráter e na direção de atitudes específicas (Boas, 1974b: 328/9).[3]

Devemos lembrar que as palavras acima foram escritas numa época posterior em mais de uma década à publicação de textos, hoje considerados clássicos, como *Limitações do método comparativo em antropologia*, de 1896, que criticaram os pressupostos mais caros ao evolucionismo antropológico. Mesmo já tendo formulado boa parte de suas revolucionárias ideias relativistas, isso não impedia que Boas chegasse a admitir

---

3 Declarações como essa mostram como Gilberto Freyre não estava se afastando de determinadas ideias contidas no projeto boasiano ao sublinhar as diferentes características psicológicas e culturais das "raças" que formaram o Brasil contemporâneo.

uma diferença entre os cérebros de brancos e negros nos seguintes termos: "o tamanho ligeiramente inferior, e talvez a menor complexidade da estrutura, de seu cérebro [do negro]" (Boas, 1974b: 329). Apesar disso, o negro não seria inferior ao branco. Nem o mulato. Boas propõe inclusive a criação de um African Institute, para estudar a cultura dos negros norte-americanos e seu passado africano, e uma linha de pesquisa que dê prioridade ao estudo da mestiçagem.[4] O trabalho de Gilberto Freyre estava bem-enquadrado nas preocupações centrais de seu mestre da Columbia.

Segundo Lewis Perry, em seu livro *Intellectual Life in America*, até a segunda metade dos anos 1910 as ideias relativistas de Franz Boas ficaram conhecidas apenas por um círculo restrito de discípulos. A partir dessa data o trabalho de Boas começou a influenciar grande parte da academia norte-americana e seus alunos iniciaram a publicação de livros e artigos, despertando a atenção até mesmo de um público leigo (como aconteceu nas décadas de 1920 e 1930, com o lançamento do *Coming of Age in Samoa*, de Margareth Mead, em 1928, e do *Patterns of Culture*, de Ruth Benedict, em 1934). A antropologia passava a ser encarada também como uma autocrítica do Ocidente, muitas vezes encontrando a salvação no Outro, fosse ele o adolescente de Samoa ou o esquimó da ilha Baffin. A cultura das sociedades industrializadas era chamada de competitiva, em contraste com a cultura cooperativa dos "primitivos" (Benedict), ou de espúria, diferenciando-a do genuíno "tradicional", como aparece em *Culture, Genuine and Spurious*, artigo muito influente de Edward Sapir. O folclore tam-

4 Um dos resultados práticos desses interesses de Boas foi a pesquisa folclórica realizada em 1927 e 1928 por uma de suas alunas, Zora Neale Hurston, sobre comunidades rurais negras do Sul dos Estados Unidos, e que resultou na publicação do livro *Mules and Men*, em 1935, o primeiro livro sobre folclore afro-americano escrito por um negro. Nessa mesma época, Zora Neale Hurston também visitou as comunidades mestiças da Jamaica, conhecidas como *maroons* ou quilombos, sobre as quais escreveu no livro *Tell My Horse*. E, como já mencionei, ela também participou do movimento literário conhecido como Harlem Renaissance, que revelou vários poetas e escritores negros, todos ligados ao nascente mundo do jazz nova-iorquino (ver Kammen, 1991).

bém seria considerado genuíno. Sapir, em sua passagem pelo Museu Nacional do Canadá, entre 1910 e 1925 (depois de defender seu PhD na Columbia University), coletou canções folclóricas franco-canadenses, chegando a publicar um livro com o resultado dessa pesquisa (ver Mandelbaum, 1963). O que parecia estar fora do campo da genuinidade, e portanto alvo de muitas críticas dos antropólogos boasianos, era a cultura urbana e industrial.

Essas críticas antropológicas somavam-se às críticas modernistas também feitas à "cultura ocidental". Os Estados Unidos viviam suas primeiras manifestações do "espírito moderno", como a exposição do Armory Show, em 1913, ou a boemia do Greenwich Village (que Gilberto Freyre frequentou), ambas em Nova York. Os modernistas norte-americanos, segundo Michael Kammen (no livro *The Mystic Chords of Memory*), dividiam-se, esquematicamente, em duas grandes correntes: os nacionalistas, geralmente elitistas, como Alfred Stieglitz, Frank Lloyd Wright e Ezra Pound (pró-unificação da cultura norte-americana), e os regionalistas, que já desenvolviam um interesse pela definição do nacional através da cultura popular e "afagavam a diversidade étnica" (Kammen, 1991: 408).

A posição regionalista foi ganhando terreno com o final dos anos 1920, justamente quando a influência de Boas mais se fez notar no panorama intelectual norte-americano. Michael Kammen chega a dizer que "este padrão nos permite delinear o que equivale a uma 'mudança de paradigma' que teve lugar entre duas gerações" (Kammen, 1991: 415), e que na antropologia poderia ser representada (a mudança de paradigma) por uma troca de Frazer (que era citado por autores como Edith Wharton e T.S. Eliot) por Boas.

Muitos intelectuais e artistas norte-americanos estavam retornando aos Estados Unidos depois de exílios voluntários na Europa. E voltavam com um interesse renovado pela cultura norte-americana. Constance Rourke, que foi influenciada por Boas[5] (ver Kammen, 1991: 414-15), ao regressar teve papel

5 Que também foi diretor do *Jornal do Folclore Americano*, de 1908 a 1925 (ver Kardiner & Preble, s/d).

fundamental no incentivo aos estudos folclóricos, defendendo a posição de que a cultura popular deveria ser tratada com o mesmo respeito que a literatura clássica. Esse período já foi chamado de redescoberta da América pelos intelectuais dos Estados Unidos, o "final" daquilo que, em 1930, o importante crítico literário Malcolm Cowley criticou como "o divórcio, nos Estados Unidos, entre vida intelectual e todos os modelos de importância e realidade" (citado em Perry, 1984: 332). A "redescoberta" desencadeou a publicação de inúmeros livros com a transcrição de "lendas" norte-americanas de várias procedências (índios, negros, brancos etc.), além da realização de festivais folclóricos. Constance Rourke participou da organização do National Folk Festival at Saint Louis, em 1934. Eleanor Roosevelt, mulher do então presidente Franklin Roosevelt (do Partido Democrata), foi "persuadida a comparecer ao White Top Folk Festival como convidada de honra" (Kammen, 1991: 429), em 1933, e no ano seguinte participou, diretamente da Casa Branca, da estreia de um programa de rádio sobre a música folclórica dos Estados Unidos, apresentado em "cadeia nacional" pela NBC. Os Estados Unidos viam as invenções da música folk (que em 1940 foi tocada na convenção do Partido Republicano), da música country (para um resumo de sua "fabricação", ver Peterson, 1993) e a consolidação comercial do jazz como novos estilos que poderiam disputar o título de música nacional. Tudo isso aconteceu ao mesmo tempo em que, no Brasil, o samba ganhava apoio oficial, e livros como *Casa-grande & senzala*, também de "descoberta" da pátria, alcançavam grande sucesso. No entanto os dois movimentos de "reaproximação" entre elites/intelectuais e cultura popular tiveram resultados bem diversos no caso brasileiro e no caso norte-americano. Não é o objetivo deste Anexo explicar a diferença. Basta constatá-la.

Os Estados Unidos de 1930 já contavam com uma indústria cultural desenvolvida e em via de solidificar sua hegemonia em todo o mundo (o que só aconteceu realmente depois da Segunda Guerra Mundial). O jazz foi, dentre as novas músicas norte-americanas, a que melhor soube utilizar as facilidades da nascente massificação cultural para ampliar sua influência sobre todo o planeta, inclusive sobre os sambistas brasileiros, tomando o lugar da polca e da valsa na preferência dos dançarinos.

O *boom* econômico pelo qual os Estados Unidos passaram na última virada de século era evidente. Se em 1895 suas exportações somavam 800 milhões de dólares, em 1914 esse número tinha se multiplicado para 2 bilhões e 300 milhões de dólares (ver Rosenberg, 1982: 16). Os norte-americanos foram pioneiros na produção em massa e também nas estratégias de marketing, levando nomes como Columbia, Singer, Kodak, Colgate, General Motors e General Electric a serem reconhecidos em todos os continentes já no início deste século, sem necessitar das técnicas "tradicionais" de colonialismo desenvolvidas pelo capitalismo europeu em sua expansão mundial. Produtos culturais dos Estados Unidos se aproveitaram desse novo conceito de vendas e desse novo poderio da economia de seu país: no início da década de 1890 o show de Buffalo Bill já tinha dado a volta ao planeta.

Esse know-how norte-americano desenvolveu-se em várias áreas em pouquíssimo tempo: "Durante a Primeira Guerra Mundial e através dos anos 20, os Estados Unidos expandiram rapidamente sua posição global em comunicação por cabo, telegrafia sem fio, serviços de notícias, cinema e serviços de companhias de aviação" (Rosenberg, 1982: 87). Os resultados numéricos da expansão são impressionantes: em 1925, por exemplo (depois do colapso da indústria cinematográfica europeia durante a Primeira Guerra Mundial), 95% dos filmes vistos na Inglaterra e Canadá, 70% dos filmes vistos na França e 80% dos filmes vistos na América do Sul foram produzidos nos Estados Unidos. No final dos anos 1920 as companhias de discos norte-americanas também penetraram em mercados de todo o mundo. O mais impressionante não é constatar que o jazz tenha influenciado o samba antes mesmo dos anos 1930, mas sim o fato de o ritmo norte-americano não ter exercido influência mais decisiva a ponto de impedir ou retardar o nascimento de nossa "música nacional".

Há um mistério na história do jazz, semelhante àquele da história do samba (sem a transformação, é claro, do jazz em música nacional). Segundo James Lincoln Colver, em seu *The Reception of Jazz in America*, um outro mito domina essa história. Esse mito tenta afirmar que "o povo americano, até época relativamente recente, ignorou ou desprezou o jazz, que viveu seus primeiros anos como a música dos guetos negros, apreciada em outros lugares apenas por meia dúzia de críticos e músicos brancos iluminados" (Colver, 1988: 1). Colver acrescenta: "Não consegui encontrar, em comentários sobre o jazz publicados desde 1940, uma só afirmação de que o jazz tenha sido amplamente popular nos Estados Unidos antes de uma data recente" (Colver, 1988: 2). No caso de alguma música parecida com jazz ter se tornado popular entre os brancos norte-americanos, ela tem sido logo desqualificada como "jazz derivativo", em oposição ao "jazz verdadeiro" (ver Laforse & Drake, 1981 — uma oposição semelhante ao par genuíno/espúrio de Sapir).

Um texto muito importante sobre a dificuldade da elite norte-americana em aceitar o jazz é o *Traditionalist Opposition to Jazz* (Nell, 1972), de Leonard Nell. Como exemplos dessa oposição, Nell cita principalmente artigos de jornal, ou de revistas especializadas, assinados por amantes e críticos de música clássica, como o pianista Ashley Petters ou o professor de música de Harvard Walter R. Spalding. Parece-me óbvio que essas pessoas se sentiam obrigadas a repudiar o jazz, usando os critérios de legitimação de uma obra de arte inventados em seu próprio mundo artístico, que valorizava, entre outras coisas, a educação "formal" dos músicos. Mas estender essas opiniões a toda a elite ou mesmo a todos os "brancos" norte-americanos conduz a vários erros de interpretação. Como também é bastante problemático considerar as ideias publicadas em jornais da época como representativas do que os "americanos brancos" pensavam sobre o jazz.

É possível citar vários fatos e tantas outras opiniões que colocam em dúvida as generalizações do "mito" do jazz. Martin Laforse e James Drake, em *Popular Culture and American Life*, consideram "a interação de brancos e negros nos interstícios da cultura americana, longe dos centros do poder ou dos focos da cultura popular, um importante elemento na história do jazz" (Laforse & Drake, 1981: 68). Para esses autores, a interação brancos/negros torna-se possível na periferia da cultura popular. Mas como diferenciar os centros de poder da periferia da cultura popular, já que esses territórios estão em constante e rápida mudança?[6] James Colver mostra como essas interações aconteceram em todos os lugares, perto e longe dos transitórios centros de poder. Por exemplo: os cabarés *black-and-tan* ou *dance halls* da virada do século eram frequentados por muitos brancos; em Nova Orleans, os brancos ricos gostavam de jazz desde o início, levando os primeiros jazzistas a tocar em clubes exclusivistas como o New Orleans Country Club ou na Tulane University (onde só estudavam brancos); em 1916 bandas formadas só por brancos já tocavam em Chicago (é bom lembrar que o termo "jazz" aparece pela primeira vez na imprensa em 1913); o *Jornal de Folclore Americano*, nos anos 1910 (portanto, durante a gestão de Franz Boas), publicou artigos sobre música negra norte-americana, e em 1917 William Morrison Patters, professor da Columbia, já escrevia sobre jazz na revista *Literary Digest*. A conclusão de Colver é a seguinte: "(...) a evidência aponta que os antis eram minoria, e possivelmente uma bem pequena minoria" (Colver, 1988: 6).

O mito da impopularidade do jazz em seus primórdios norte-americanos — e a história paralela do respeito com que a Europa recebeu esse estilo musical, já nos anos 1920 — é preservado inclusive por jazzistas. Assim como aos sambistas brasileiros, aos músicos de jazz parece interessar uma narrativa em que se estabelece uma raiz pura de sua música no "princípio" da História. É um mito conveniente (não estou dizendo que seja falso ou verdadeiro) para quem tanto preza a autenticidade e o anticomercialismo (o que é mais intencional no jazz de hoje do que no samba), pretendendo cultivar uma imagem de "maldição" artística. Uma imagem que, sem dúvida, tem espaço nobre na indústria cultural.

6 Ver, por exemplo, o caso da música sertaneja no Brasil, que passou velozmente dos bastidores para o palco principal da música popular brasileira nos anos 1980.

BIBLIOGRAFIA

Adorno, Theodor e Horkheimer, Max. 1978. "A indústria cultural — O ilusionismo como mistificação de massa". In Lima, Luís C., org., *Teoria da cultura de massa*. Rio de Janeiro, Paz e Terra, p.105-27.

Alencar, Edigar de. 1980. "O carnaval do Rio em 1900 e na década seguinte". In *Brasil 1900-1910*. Rio de Janeiro, Biblioteca Nacional.

____. 1981. *Nosso Sinhô do samba*. Rio de Janeiro, Funarte.

Alencar, José de. 1972. "José de Alencar". In Coutinho, Afrânio, org., *Caminhos do pensamento crítico*. Rio de Janeiro, Pallas/MEC, p.80-250.

Almirante. 1977. *No tempo de Noel Rosa*. Rio de Janeiro, Francisco Alves.

Amado, Jorge. 1962. "Casa-grande & senzala e a revolução cultural". In *Gilberto Freyre: sua ciência, sua filosofia, sua arte*. Rio de Janeiro, José Olympio, p.30-6.

Amaral, Aracy de. 1968. *Blaise Cendrars no Brasil e os modernistas*. São Paulo, Martins Fontes.

Anderson, Benedict. 1989. *Nação e consciência nacional*. São Paulo, Ática.

Andrade, Mário de. 1936. *A música e a canção populares no Brasil*. Ministério das Relações Exteriores, datilografado.

____. 1962. *Ensaio sobre a música brasileira*. São Paulo, Martins.

____. 1965. *Aspectos da música brasileira*. São Paulo, Martins.

Andrade, Oswald de. 1978. *Obras completas*, vol. VI. Rio de Janeiro, Civilização Brasileira.

Aranha, Graça. s/d. *Canaã*. Rio de Janeiro, Ediouro.

Araújo, Ricardo Benzaquém de. 1993. *Guerra e paz*. Tese de doutorado, PPGAS, Museu Nacional, UFRJ.

Arinos, Afonso. 1969. "A unidade da pátria". In *Obra completa*. Rio de Janeiro, Conselho Federal de Cultura, p.885-95.

Athayde, Tristão de. 1922. *Affonso Arinos*. Rio de Janeiro, Anuário do Brasil.

Augé, Marc. 1992. *Non-lieux*, Paris, Seuil.

Azevedo, Thales de. 1962. "Gilberto Freyre e a reinterpretação do mestiço". In *Gilberto Freyre: sua ciência, sua filosofia, sua arte*. Rio de Janeiro, José Olympio, p.74-8.

Bandeira, Manuel. 1937a. "O enterro de Sinhô". In *Crônicas da província do Brasil*. Rio de Janeiro, Civilização Brasileira, p.107-10.

_____. 1937b. "Sambistas". In *Crônicas da província do Brasil*. Rio de Janeiro, Civilização Brasileira, p.107-10.

Barreto, Lima. s/d. *Triste fim de Policarpo Quaresma*. Rio de Janeiro, Ediouro.

Bastide, Roger. 1973. *Brasil, terra de contrastes*. São Paulo, Difusão Europeia do Livro.

Baudrillard, Jean. 1990. *La transparence du mal*. Paris, Galilée.

Becker, Howard. 1982. *Art Worlds*, Berkeley, University of California Press.

Berlin, I. 1991. *The Crooked Timber of Humanity*, Nova York, Knopf.

Bernal, Martin. 1991. *Black Athena: The Afroasiatic Roots of Classical Civilization*. Nova Brunswick, Rutgers University Press.

Boas, Franz. 1974a. "Race problems in America". In Stocking Jr., George, org., *The Shaping of American Anthropology 1883-1911*, Nova York, Basic Books, p.318-30.

_____. 1974b. "Changing the racial attitudes of white americans". In Stocking Jr., George, org., *The Shaping of American Anthropology 1883-1911*, Nova York, Basic Books, p.316-18.

Bosi, Alfredo. 1992. *Dialética da colonização*. São Paulo, Companhia das Letras.

Brito, Mário da Silva. 1974. *História do modernismo brasileiro*. Rio de Janeiro, Civilização Brasileira.

Burke, Peter. 1981. "The 'discovery' of popular culture". In Samuel, Raphael, org., *People's History and Socialist Theory*. Londres, Routledge and Kegan, p.216-26.

_____. 1989. *Cultura popular na Idade Média*. São Paulo, Companhia das Letras.

Cabral, Sérgio. 1974. *As escolas de samba*. Rio de Janeiro, Fontana.

_____. 1978. *Pixinguinha — vida e obra*. Rio de Janeiro, Funarte.

_____. 1990. *No tempo de Almirante*. Rio de Janeiro, Francisco Alves.

_____. s/d. "Getúlio Vargas e a música popular brasileira". In *Ensaios de opinião*, vol. 2 (2-1), p.36-41.

Campbell, Jeremy. 1982. *Grammatical Man*. Nova York, Simon & Schuster.

Canclini, Néstor Garcia. 1992. *Culturas hibridas*. Buenos Aires, Sudamericana.

Cândido, Antônio. 1982. "O significado de *Raízes do Brasil*". In Holanda, Sérgio Buarque, *Raízes do Brasil*, 24ª ed., Rio de Janeiro, José Olympio, p. xxxix-l.

____. 1989. "A Revolução de 1930 e a cultura". In *Educação pela noite & outros ensaios*. São Paulo, Ática, p.181-98.

Carvalho, Hermínio Belo de. 1988. *O canto do pajé*. Rio de Janeiro, Espaço e Tempo.

Carvalho, José Murilo de. 1975. *Elite and state-building in Imperial Brazil*. Tese de PHD, Stanford University.

Carvalho, Ronald. 1972. "Ronald de Carvalho". In Coutinho, Afrânio, org., *Caminhos do pensamento crítico*. Rio de Janeiro, Pallas/MEC, p.712-60.

Cavalcanti, Maria Laura. 1993. *Onde a cidade se encontra: o desfile das escolas de samba no Rio de Janeiro*. Tese de doutorado, PPGAS, Museu Nacional, UFRJ.

Cavalcanti, Maria Laura et al. 1992. "Os estudos de folclore no Brasil". In *Seminário folclore e cultura popular*. Rio de Janeiro, IBAC, p.101-12.

Cendrars, Blaise. 1952. *Blaise Cendrars vous parle*. Paris, Denoel.

____. 1957. *Ouvres completes*, vol. 15. Paris, Denoel.

____. 1976. *Etc...Etc...(um livro 100% brasileiro)*. São Paulo, Perspectiva.

Clifford, James. 1988. "Histories of the Tribal and the Modern". In *The Predicament of Culture*. Cambridge, Harvard University Press, p.189-214.

Costa, Emília Viotti da. 1985. *The Brazilian Empire*. Chicago, University of Chicago Press.

Colver, James Lincoln. 1988. "The reception of jazz in America". ISAM Monographs, n. 27.

Da Matta, Roberto. 1981. "Disgressão: a fábula das três raças, ou o problema do racismo à brasileira". In *Relativizando: uma introdução à antropologia social*. Petrópolis, Vozes, p.58-85.

____. 1984. *O que faz o brasil, Brasil?*. Rio de Janeiro, Salamandra.

Dantas, Pedro. 1962. "Ato de presença". In *Gilberto Freyre: sua ciência, sua filosofia, sua arte*. Rio de Janeiro, José Olympio, p.193-201.

Deleuze, Gilles. 1992. "Mediators". In Crary, Jonathan e Kwinter, Sanford, orgs., *Incorporations*. Nova York, Zone, p.281-94.

Diégues Jr., Manuel. 1964. *Imigração, urbanização, industrialização*. Rio de Janeiro, INEPB/MEC.

Donga. 1969. Transcrição datilografada de seu depoimento para o Museu da Imagem e do Som, Rio de Janeiro, gravado em 02/04/1969.

Efegê, Jota. 1980. *Figura e coisas da música popular brasileira*, vols. 1 e 2. Rio de Janeiro, Funarte.

Eliade, Mircea. 1968. *La chamanisme et les techniques archaïques de l'extase*, 2ª ed. Paris, Payot.

Elias, Norbert. 1990, 1993. *O processo civilizador*. Rio de Janeiro, Zahar, 2 vols.

Enciclopédia da música brasileira. São Paulo, Art, 1977.

Estética, nºs 1, 2 e 3. Rio de Janeiro, Gernasa Prolivro, 1974.

Faoro, Raimundo. 1973. *Os donos do poder*. Porto Alegre/São Paulo, Globo/USP.

Fausto, Boris. 1975. *A Revolução de 30*. São Paulo, Brasiliense.

Franco, Afonso Arinos de Melo. 1969. "O sertanejo Afonso Arinos". In Arinos, Afonso, *Obra completa*. Rio de Janeiro, Conselho Federal de Cultura, p.885-95.

____. 1979. *A alma do tempo*. Rio de Janeiro, José Olympio.

Freyre, Gilberto. 1942. *Uma cultura ameaçada: a luso-brasileira*. Rio de Janeiro, Casa do Estudante do Brasil.

____. 1953. *Um brasileiro em terras portuguesas*. Rio de Janeiro, José Olympio.

____. 1962a. "Complexidade da antropologia e complexidade do Brasil como problema antropológico". In *Problemas brasileiros de antropologia*, 3ª ed. Rio de Janeiro, José Olympio, p.28-39.

____. 1962b. "Continente e ilha". In *Problemas brasileiros de antropologia*, 3ª ed. Rio de Janeiro, José Olympio, p.28-39.

____. 1967. *Manifesto regionalista*, 4ª ed. Recife, Instituto Joaquim Nabuco.

____. 1968. *Sobrados e mucambos*, 4ª ed. Rio de Janeiro, José Olympio.

____. 1971. *Novo mundo nos trópicos*. São Paulo, Nacional/USP.

____. 1974. *Ordem e progresso*, 3ª ed. Rio de Janeiro, José Olympio.

____. 1975. *Tempo morto e outros tempos*. Rio de Janeiro, José Olympio.

____. 1978. *Cartas do próprio punho sobre pessoas e coisas do Brasil e do estrangeiro*. Brasília, MEC.

____. 1979. *Tempo de aprendiz*. São Paulo/Brasília, Ibrasa/INL.

____. 1979a. "Getúlio Vargas, artista político". In *Pessoas, coisas & animais*. São Paulo, MPM Propaganda.

____. 1981. *Casa-grande & senzala*, 21ª ed. Rio de Janeiro, José Olympio.

_____. 1986. *Modos de homem e modas de mulher*. Rio de Janeiro, Record.
_____. 1987. *Vida, forma e cor*. Rio de Janeiro, Record.
_____. s/d. *Brasis, Brasil e Brasília*. Lisboa, Livros do Brasil.
_____. 1994. *Gilberto Freyre*. Rio de Janeiro, Agir.
Frith, Simon. 1989. "Introduction". In Frith, Simon, org., *World Music, Politics and Social Change*. Manchester, Manchester University Press, p.1-6.
Fry, Peter. 1982. "Feijoada e 'soul food'". In *Para inglês ver*. Rio de Janeiro, Zahar.
Fuentes, Carlos. 1992. "Nous, ibéro-americains". *Magazine littéraire*, nº 296, fevereiro de 1992, p.60-2.
Gil, Gilberto. 1982. *Expresso 2222*. Salvador, Corrupio.
Gondim, Eunice. 1965. *Vida e obra de Paula Brito*. Rio de Janeiro, Livraria Brasiliana.
Gruen, Erich S. 1992. *Culture and National Identity in Republican Rome*. Ithaca, Cornell University Press.
Guimarães, Francisco. 1978. *Na roda do samba*. Rio de Janeiro, Funarte.
Herskovits, Melville J. 1952. *El hombre y sus obras*. México, Fondo de Cultura Económica.
Hobsbawn, Eric. 1990. *Nações e nacionalismo*. Rio de Janeiro, Paz e Terra.
Holanda, Sérgio Buarque de. 1979. "Depois da 'Semana'". In *Tentativas de mitologia*. São Paulo, Perspectiva, p.273-79.
Ianni, Octávio. 1992. *A ideia de Brasil moderno*. São Paulo, Brasiliense.
João da Bahiana. 1966. Depoimento para o Museu da Imagem e do Som, Rio de Janeiro, gravado em 24/08/1966.
Kaplan, Joanna Overing. 1977. "Orientation for Paper Topics". In *Actes du XLIIe Congrès International des Americanistes*. Paris, Sociéte Musée de l'Homme, v. 2, p.9-10.
Kardiner, Abram e Preble, Edward — s/d. *Eles estudaram o homem*. São Paulo, Cultrix.
Kammen, Michael. 1991. *Mystic Chords of Memory*. Nova York, Knopf.
Kuwabara, Takeo. 1983. *Japan and Western civilization*. Tóquio, University of Tokio Press.
Laforse, Martin e Drake, James. 1981. *Popular Culture and American Life*. Chicago, Nelson-Hall.
Latour, Bruno. 1988. *The Pasteurization of France*. Cambridge, Harvard University Press.
Laude, Jean. 1968. *La peinture française (1905-1914) et l'"art nègre"*. Paris, Klincksieck.
Lauerhass Jr., Ludwig. 1986. *Getúlio Vargas e o triunfo do nacionalismo brasileiro*. Belo Horizonte/São Paulo, Itatiaia/Edusp.

Leite, Dante Moreira. 1976. *O caráter nacional brasileiro*. São Paulo, Pioneira.

Lévi-Strauss, Claude. 1975. "A estrutura dos mitos". In *Antropologia estrutural*. Rio de Janeiro, Tempo Brasileiro, p.237-65.

_____. 1976. "Raça e história". In *Antropologia estrutural dois*. Rio de Janeiro, Tempo Brasileiro, p.328-66.

Lima, Jorge de. 1980. *Poesia completa*, vol. 1. Rio de Janeiro, Nova Fronteira.

Lobato, Monteiro. 1951. "Prefácio ao 'Gilberto Freyre', de Diogo de Melo Menezes". In *Prefácios e entrevistas*. São Paulo, Brasiliense.

Lopes, Nei. 1992. *O negro no Rio de Janeiro e sua tradição musical*. Rio de Janeiro, Pallas.

Lourenço, Eduardo. 1988. *Nós e a Europa*. Lisboa, Imprensa Nacional/Casa da Moeda.

Malinowski, Bronislaw. 1991. "Introducción". In Ortiz, Fernando, *Contrapunteo cubano del tabaco y el azúcar*. La Habana, Editorial de Ciencias Sociales.

Mandelbaum, David. 1963. "Introduction". In Mandelbaum, David, org., *Selected Writings of Edward Sapir*. Berkeley, University of California Press.

Mann, Arthur. 1979. *The One and the Many*. Chicago, The University of Chicago Press.

Mariz, Vasco. 1989. *Heitor Villa-Lobos*. Belo Horizonte, Itatiaia.

Martins, Wilson. "Idealizações mentais". In *Jornal do Brasil*, Caderno Ideias, 16/4/94, p.4.

Matos, Cláudia. 1982. *Acertei no milhar*. Rio de Janeiro, Paz e Terra.

Maul, Carlos. s/d 1. *A marquesa de Santos*. Rio de Janeiro, Sedegra.

Maul, Carlos. s/d 2. *Catulo*. Rio de Janeiro, São José.

Máximo, João & Didier, Carlos. 1990. *Noel Rosa*. Brasília, UnB/Linha Gráfica.

Mello, Afonso Oliveira. 1961. *Afonso Arinos e o sertão*. Rio de Janeiro, Borsoi.

Menezes, Diogo de Melo. 1944. *Gilberto Freyre*. Rio de Janeiro, Casa do Estudante do Brasil.

Mills, C. Wright. 1975. *A elite do poder*. Rio de Janeiro, Zahar.

Moraes, Eduardo Jardim de. 1978. *A brasilidade modernista*. Rio de Janeiro, Graal.

_____. 1992. "Modernismo e folclore". In *Seminário Folclore e Cultura Popular*. Rio de Janeiro, IBAC.

Moraes Filho, Mello de. 1904. *Factos e memorias*. Rio de Janeiro, H. Garnier.

_____. 1905. *Artistas de meu tempo*. Rio de Janeiro, H. Garnier.

Morin, Edgar. 1990. "Le défi de la complexité". In *Science avec conscience*. Paris, Fayard, p.163-80.

Motta, Carlos Guilherme. 1980. *Ideologia da cultura brasileira*. São Paulo, Ática.

Moura, Roberto. 1983. *Tia Ciata e a pequena África do Rio de Janeiro*. Rio de Janeiro, Funarte.

Needell, Jeffrey. 1993. *Belle époque tropical*. São Paulo, Companhia das Letras.

Nell, Leonard. 1972. "The Traditionalist Opposition to Jazz". In Davis, Ronald L., org., *The social and cultural life of the 1920s*, Nova York, Holt Rinehat & Winston, p.83-92.

Nettl, Bruno. 1985. *The Western Impact on World Music*. Nova York, Schirmer.

Nunes, Benedito. 1978. "A antropofagia ao alcance de todos". In Andrade, Oswald de, *Obras completas*, vol. VI. Rio de Janeiro, Civilização Brasileira, p.xi-liii.

Oliveira, Lúcia Lippi de. 1990. *A questão nacional na Primeira República*. São Paulo, Brasiliense.

Oliven, Ruben G. 1985. "A antropologia e a cultura brasileira". Porto Alegre, UFRGS, 1985 (*Caderno de Estudos*, 12).

Paes, José Paulo. 1992. *Canaã e o ideário modernista*. São Paulo, Edusp.

Perry, Lewis. 1984. *Intelectual life in America*. Chicago, University of Chicago Press.

Peterson, Richard. 1992. "La fabrication de l'authenticité: la country music". *Actes de La Recherche*, n° 93, junho de 1992, p.3-19.

Pinho, Wanderley. 1959. *Salões e damas do Segundo Reinado*, 3ª ed. São Paulo, Martins.

Risério, Antônio. 1981. *Carnaval ijexá*. Salvador, Corrupio.

_____. 1993a. *Caymmi: uma utopia de lugar*. São Paulo/Salvador, Perspectiva/Copene.

_____. 1993. *Textos e tribos*. Rio de Janeiro, Imago.

Rodrigues, Lupiscínio. 1976. "Entrevista". In *O som do Pasquim*. Rio de Janeiro, Codecri, p.65-76.

Rodrigues, Sonia. 1983. *Jararaca e Ratinho*. Rio de Janeiro, Funarte.

Romero, Sílvio. 1972. "Sílvio Romero". In Coutinho, Afrânio, org., *Caminhos do pensamento crítico*. Rio de Janeiro, Pallas/MEC, p.409-92.

Rosenberg, Emily S. 1982. *Spreading the American Dream*. Nova York, Hill & Wang.

Santos, Lígia & Silva, Marília. 1980. *Paulo da Portela*. Rio de Janeiro, Funarte.

Sapir, Edward. 1949. "Culture, genuine and spurious". In Mandelbaum, David G., org., *Selected Writings of Edward Sapir in Lan-*

guage, Culture and Personality. Berkeley, University of California Press, p.308-31.

Schutz, Alfred. 1979. *Fenomenologia e relações sociais*. Rio de Janeiro, Zahar.

Schwarcz, Lília. 1992. *"Homens de sciencia" e a raça dos homens*. Tese de doutorado, USP.

Schwarz, Roberto. 1994. "Fim de século". In *Folha de São Paulo*, 4/12/94, p.6-9.

Sevcenko, Nicolau. 1992. *Orfeu extático na metrópole*. São Paulo, Companhia das Letras.

Seyferth, Giralda. 1991. "Os paradoxos da miscigenação". *Estudos Afro-Asiáticos*, nº 20, junho de 1991, p.165-85.

Silva, Marília e Oliveira Filho, Arthur. 1979. *Filho de Ogum Bexiguento*. Rio de Janeiro, Funarte.

Simmel, Georg. 1971. "The Nobility". In *On Individuality and Social Forms*. Chicago, The University of Chicago Press.

Skidmore, Thomas. 1992. "EUA birracial vs. Brasil multirracial: o contraste ainda é válido?". *Novos Estudos CEBRAP*, nº 34, novembro de 1992, p.49-62.

Soares, Maria Thereza. 1985. *São Ismael do Estácio*. Rio de Janeiro, Funarte.

Tinhorão, José Ramos. s/d. *Música popular: um tema em debate*. Rio de Janeiro, JCM.

____. 1981. *Música popular — do gramofone ao rádio e tv*. São Paulo, Ática.

____. 1986. *Pequena história da música popular*. São Paulo, Art.

Todorov, Tzvetan. 1993. *Nós e os outros*. Rio de Janeiro, Zahar.

Tomlinson. 1991. *Cultural Imperialism*. Baltimore, Johns Hopkins.

Townsley, Graham. 1988. *Ideas of Order and Patterns of Change in Yaminahua Society*. Tese de doutorado, Cambridge.

Vargas Llosa, Mario. 1992. "Une culture du métissage". *Magazine Littéraire*, nº 296, fevereiro de 1992, p.58-60.

Vasconcelos, Ari. 1993. "Tem cigano no samba". *Piracema*, nº 1, p.105-9.

Velho, Gilberto. 1980. "O antropólogo pesquisando em sua cidade: sobre conhecimento e heresia". In Velho, Gilberto, org., *O desafio da cidade*. Rio de Janeiro, Campus, p.13-21.

____. 1981. "Projeto, emoção e orientação em sociedades complexas". In *Individualismo e cultura*. Rio de Janeiro, Zahar, p.13-37.

____. 1988. "Destino; campo de possibilidades e províncias de significado: notas sobre a violência". *Comunicação*, nº 16, PPGAS, Museu Nacional, UFRJ.

____. 1993. "Cultura popular e sociedades de massas: uma reflexão antropológica". *Piracema*, nº 1, p.57-63.

Velloso, Mônica. 1988. *As tradições populares na belle époque carioca*. Rio de Janeiro, Funarte.

Veloso, Caetano. s/d. *Alegria, alegria*. Rio de Janeiro, Pedra Q Ronca.

Ventura, Roberto. 1991. *Estilo tropical*. São Paulo, Companhia das Letras.

Veyne, Paul. 1991. "Veyne l'iconoclaste". *Magazine Littéraire*, nº 285, fevereiro de 1991, p.43-5.

Vianna Jr., Hermano. 1988a. *O mundo funk carioca*. Rio de Janeiro, Zahar.

____. 1988b. "Robert Musil: as qualidades do homem moderno". *Comunicação*, nº 12, PPGAS, Museu Nacional, UFRJ, p.55-84.

Vieira, Jonas e Norberto, Natalício. 1992. *Herivelto Martins*. Rio de Janeiro, Ensaio.

Viveiros de Castro, Eduardo. 1993. "La marbre et le myrte". In Becquelin, A. e Molinié, A., orgs., *Mémoire de la tradition*. Nanterre, Société d'Ethnologie, p.365-431.

Vovelle, Michel. 1978. *Ideologias e mentalidades*. São Paulo, Brasiliense.

Wallerstein, Immanuel. 1991. *Geopolitics and Geoculture*. Cambridge, Cambridge University Press.

Wallis, Roger e Malm, Krister. 1990. "Patterns of change". In Frith, Simon e Goodwin, Andrew, orgs., *On record*. Nova York, Pantheon, p.160-80.

Wirth, Louis. 1979. "O urbanismo como modo de vida". In Velho, Otávio, org., *O fenômeno urbano*. Rio de Janeiro, Zahar, p.90-113.